細木かおり

あなたが幸せになれない理由

母・細木数子から受け継いだ幸福論

はじめに

みなさん、はじめまして。細木かおりと申します。

私は六星占術という占いを、世に広めるために母・細木数子から引き継ぎました。この本を出版するにあたっては、占いではなく、『心』の持ち方をみなさまにお伝えできたらと思っています。

まず、この本のタイトル『あなたが幸せになれない理由』を見て、うわっ！　衝撃的！　と思いましたか？（笑）

なぜこのタイトルにしたかと言いますと、多くの女性からこのような悩みを打ち明けられることが多いんです。

「かおり先生、どうして私は結婚できないんですか？」

「かおり先生、頑張っているのになんで私は幸せになれないんですか？」

こう質問をされるたびに、私はその人のためを思い、

「あなたは○○だからダメなんです」と、ハッキリと口に出してお伝えしています。

ストレートに痛いことを言われた人たちは、ほぼ全員が「えっ……」と一瞬固まってしまいます。頭の中で私が指摘したことがよく理解できないのでしょう。占いに来る人たちはみんな、悩みの解決方法や将来を言い当てて欲しくていらっしゃる方がほとんどなのですが、みなさんが抱えているのは占いの結果以前のこと。

そう、〝人〟としての問題を抱えている方がとても多いのです。


私は六星占術の継承者ですが、この本では一切占いはいたしません！

その代わり、『あなたが幸せになれない理由』を、今幸せを感じられていない女性の特徴を例に挙げながらビシビシと指摘をしていきたいと思います。これからお教えすることをクリアしたら、あなたは絶対に幸せな人生が歩めるようになることをお約束いたします。


私はスパルタ式でハッキリものを言う性格ですが、実践してもらえたらあなたの人生は確実に変わります。

母・細木数子のように「地獄に落ちるわよ!!」なんていう恐ろしいセリフは言いませんが、私が感じたこと、思っていることをズバリと指摘させていただこうと思っています。


では、はじめていきましょう。

CONTENTS

第2部 あなたが幸せになれない理由

CONTENTS

PART 1

かおり3歳のとき。
細木数子の赤坂のマンションにて。

第1部

細木数子の娘として

細木数子の姪として生まれ、
私が六星占術を
継承するまでのストーリー

細木数子の後継者、細木かおりです

母・細木数子と私の関係

まずは、私、細木かおりの自己紹介、細木数子との関係や生い立ちを紹介させてください。

細木数子が生み出した『六星占術』をたくさんの人に広め、幸せに生き抜くヒントにしてもらいたいという気持ちから、後継者になりました。

「細木数子の娘」とメディアでは言われていますが、細木数子は私の実の母ではないのです。私は細木数子の妹の長女として生まれ、本来は「伯母と姪」という関係なのですが、2016年8月に養子縁組みを経て正式に「細木数子の娘」になりました。

私が引き継いだものは六星占術、そしてそれに基づく考え方をはじめ、700坪以上の京都の日本家屋の新宅、同じく京都の520坪の旧宅、ラグジュアリーブランドの洋服やバッグや靴、たくさんの着物、そして億単位の宝石類など……細木数子が築き、手にしてきたものすべてを今は引き継ぎ共有しています。

〝ばあば〟と一緒に生活することに!

幼少時代、実母はシングルマザーとして働きながら私を育てていました。私たちのそんな生活を心配した実母の姉・細木数子が私たちをお世話してくれたのがすべての始まりでした。

当時、細木数子は銀座にあるクラブのママとしていくつかのお店を成功させていて、経済的にも余裕があったので、「女一人で子供を育てるのは大変だよ。一緒に住まない?」という厚意から、実母と一緒に都内一等地の広くゴージャスなマンションでお世話になったという経緯です。

実母は38歳で私を産み、そのとき細木数子は40歳。年齢は実母とほぼ変わらないのですが、私にとっては伯母というよりも、おばあちゃんのような存在だったんですよ。

だから呼び名もずっと〝ばあば〟でした(笑)。

〝ばあば〟と実母たちは8人兄弟。だから甥っ子、姪っ子がたくさんいたんです。でもそのときの〝ばあば〟は、テレビに出ていたときよりももっと若くて勢いが有り余っていて(笑)。

今でこそ丸くなっていますが、昔から「曲がったことは大嫌い」な性格で、子供相手だとしても礼儀や教育に対してはとにかくスパルタ!　たくさんの甥っ子、姪っ子たちからは「怖いおばちゃん」と思われていて、あまりの厳しさから煙たがられていました。

その中で私だけは「ばあば、ばあば」と、なぜだか懐いていたのです。実母がいなくても泣かないのに、〝ばあば〟がいないと大泣きするぐらいだったので、〝ばあば〟も私を溺愛してくれました。

その愛情はどんどんエスカレートし、私が3歳のときに実母に「かおりを養女にくれない？」と申し出たらしいのです。そのときの〝ばあば〟の真剣な表情にビックリし〝これは大変なことになる！〟と察した実母は、私を連れて逃げるように〝ばあば〟の家を飛び出しました。

でも私は実母より〝ばあば〟に懐いていたんです。やっと家族で生活できるようになったのに、私は週末や暇を見つけては〝ばあば〟の家に行きたがり、〝ばあば〟に遊んでもらうことが何よりも楽しみでした。

小学校の校門に高級外車でお迎えに！

私が小学生になった頃には〝ばあば〟は、六星占術を世に広めるためにたくさんのメディアに出演する多忙な生活を送っていました。それなのに私に会いたくなると我慢ができなくなり、忙しい合間を縫って小学校まで迎えに来てしまうことも。

細木数子が当時住んでいた
赤坂の高級マンション。

ある日、授業が終わり友達と帰ろうと校門に向かって歩いていると、派手で大きいベンツが校門に横付けされているのを発見！「えっ、まさか！」と思ったら、案の定、私を見つけた〝ばあば〟がゴージャスな毛皮を着てベンツから出てくるんですよ！　私の帰りがちょっと遅れたときは、周りの児童たちに、

「かおり見なかった？」

なんて聞いて回るから、同級生からは、

「また派手なおばあちゃん来てるよ〜」

と有名な存在でした。

今考えると〝ばあば〟の私への溺愛ぶりは年々激しくなっていった気がします。

初めてのお見合いは14歳

小学生のとき同級生は「かおりちゃんのおばあちゃんは派手だね」ぐらいにしか思っていなかったようなのですが、保護者たちは「あれ、細木数子じゃない？」「細木数子が親戚なんてすごい！」と話していたようでした。中学生になる頃にはテレビの露出も増えていたので「細木数子が親戚なんてすごい！」と話題になることもありました。でも、私にとってはただの〝ばあば〟。食事をしたり一緒に過ごすことが当たり前だったので、みんながなぜそんなに騒ぐのかはあまり理解していませんでした。

この頃から、

・女性の幸せは早く結婚して家庭に入ること！

・結婚は出産や育児をする体力が十分にあるうちにしなさい！

・やりたいことをするのは子育てが一段落してからでも遅くない！

このようなことを〝ばあば〟が口にすることが増えていましたが、〝そうなんだ〟と軽く考えていたのです。

そんな私が〝ばあば〟の本当のすごさを思い知ったのは中学2年生のとき。14歳にして初めてお見合いをさせられたのです。正式なお見合いとはちょっと違うのですが、〝ばあば〟と付き合いのある仕事の関係者や有名な会社の社長さんたちとの食事会がよくあったんです。

そんな会食の席で、

「あなたはこういう仕事のできる男性と結婚しなさい！」

といきなり紹介されたのが29歳の男性でした。

「えっ!!」食べたものが喉につかえるかと思うほど驚きました！

中学生の私に倍以上年齢の離れたおじさんといきなり結婚しろですよ！　きっと〝ばあば〟は六星占術で相性のいい人を探して連れて来ていたんだと思うけど、さすがに無理ですよ。その後も懲りずに〝ばあば〟は私に仕事のできる男性を見つけては、幾度となくお見合いを仕組んでいました。

夫と出会ったのは中学3年生のとき

付き合ったり遊んだりする男性は自分で選びたいけど、結婚相手はきっと自分では選べないんだろうな……。

「結婚相手だけはちゃんと選びなさい！」

「結婚相手は本当に重要なんだ！」

こんな風に〝ばあば〟から『結婚』について本当に口うるさく叩き込まれてきました。だから、子供の頃から〝自分で好きになった人と恋愛をして結婚をするなんて絶対に無理だろう〟と思っていたし、

たとえ「好きな人と結婚したい」と言ったところでお許しなんてもらえない……。反対を押し切って結婚したとしても、相手も親戚になるのだから、それはそれで面倒くさいことになる……。

いずれ結婚することになっても、〝ばあば〟の決めた人とするんだろうな……などと考えていたので、『結婚』に対しては憧れの気持ちはほとんどありませんでした。

そんな私が夫と出会ったのは、中学3年生のとき。もちろん〝ばあば〟が仕組んだお見合いが出会いのきっかけです。当時彼は大学生。ご夫婦で〝ばあば〟のところに相談に来ていた方の息子さんでした。いつものように〝ばあば〟は何の説明もなく私を食事会に呼び、彼を紹介しながら「かおりはこういう男性と結婚するのがいいのよ！」と言っていました。

その彼とは6歳も年齢が離れていたし、中学生にとって大学生はすごく大人に見えました。いい人だと思うけど、私はまったくピンと来てなくて〝うまく言い訳して何とかごまかそう〟、こんなことを頭で考えていました。

〝ばあば〟の選んだ男性と交際0日で結婚

相変わらず〝ばあば〟は私にいろんな男性を見つけてきてはお見合いを仕組み続けていましたが、なぜかのちに夫となる男性のことだけは、初めに会ったときからその後4年間も毎年猛プッシュしてきたんですよ（笑）。

「またこの男性を薦めてきた……」

「今年も拒否しておけばいいや」

毎年会うからさすがに彼の名前と顔は覚えていたのですが、思春期特有の反抗心と自分で相手を決めることのできない『結婚』への無関心から、何事もなかったように学生生活を過ごしていました。

あるとき、社会人になったその彼が、お付き合いしている女性のことで〝ばあば〟のところに相談に来たんです。彼はその女性と『結婚』を考えているようで、それを聞いた私は「なんだ、この人と結婚しなくて済んで良かった〜」とホッとしたのを覚えています。〝ばあばもやっと諦めてくれる〟と安心していたのですが、なんと〝ばあば〟は驚きの行動に出たのです。

「その女と結婚しても幸せになれない！」

彼が〝ばあば〟からもらった六星占術の助言は、私の期待を裏切るものでした。しばらくしたら、彼が〝ばあば〟のアドバイス通り、結婚を考えていた女性と別れたということを聞かされました。

すかさず〝ばあば〟は「別れたなら、今すぐかおりに連絡しなさい！」と彼に言ったそう。もう、これは脅しなんじゃないかと思いますよね。でも、そのぐらい〝ばあば〟は私の結婚相手選びに真剣だったんです。

数日後、〝ばあば〟のアドバイス通り、彼は本当に私に連絡をくれたんです。

〝なんて変わった人なんだろう……〟

「まさか彼女に『占い結果が悪いから結婚できない』と伝えたのかな」

彼がどんな心境で彼女との結婚を諦め、別れを決断したのか逆に彼に興味を持ってしまいました（笑）。彼からの「彼女とはきちんとケジメをつけてきました。一度食事でもしませんか？」という誘いにのり、とりあえず会ってみることにしたのです。

実際に彼に会って彼女と別れた詳細を聞いてみると、元々親から反対されていたことに加え、彼も本当に結婚していいのかを迷っていたそう。そこに〝ばあば〟の相性が良くないという鑑定結果が出て、「やっぱりそうなのか！」と最後は自分で考え納得したうえで別れを選んだということでした。

彼と初めて2人で会って交際0日で結婚を決めてからトントン拍子でことは進みました。すぐに結納を交わし「どうせ結婚するんだから」と直後に同棲を開始。短大生だった私は彼と2人で会ってから3ヵ月後、結婚しました。

19歳で始まった結婚生活と妊娠

ですが、すべてが順風満帆だったわけではありません。

私の結婚が決まったとたん、父が大激怒！

「19歳なんてまだ子供だろう！」

「なんでこんなに早く結婚するんだ！」

「結婚はそんなに甘いもんじゃない！」

人生で初めてあんなに怒られました。

実母は喜んでいましたけど、父は猛反対。

私としては〝えっ、そこは親同士で了解をしてたんじゃないの？〟という気持ちでしたが、父の反対をよそに話がどんどんと進んでしまい、結婚をきっかけに短大を中退。結婚生活をスタートさせました。

結婚後〝ばあば〟は一切の援助を打ち切り！

「細木数子の娘だから、贅沢放題で育てられてきた」。

私のことをこんな風に思っている人も少なくないでしょうね。そりゃあ、小さい頃は高級外車でのお迎えや、幼稚園のうちから高級ホテルディナーにも連れて行ってもらっていました。

でも、結婚を機に〝ばあば〟から一切の援助が途絶えたのです。

唯一、サポートしてくれたのは、彼と同棲を始めてから結婚するまでのほんのいっとき〝ばあば〟が所有していた一人用のマンションを貸してくれたこと。「結婚で苦労を覚えなさい」ということをずっと言われてきたので、経済的な援助は一切なし。このメリハリがピシッと利いているのが〝ばあば〟なのです。

19歳の妊婦の私と25歳の彼の結婚生活は、彼のお給料のみで始まりました。結婚してからは〝ばあば〟のマンションから、自分たちのお金だけで家賃が支払える43平米の狭い木造アパートに引っ越しました。

続けて3人の子宝に恵まれたのですが、彼のお給料で家族5人の生活は本当に大変で、夕方スーパーに行き「見切り品」の値引きシールが貼ってある食材を買うのは定番。長男が小学生に上がるときに家が狭くて机も置けないから、そこで初めて家を買ったんです。もちろん自分たちのお金で買えるマンションを数十年のローンを組んで。

細木数子の京都の家にて。
庭のプールで遊ぶかおり。

子供ながらに両親との生活水準が「普通」で、〝ばあば〟との生活水準が「普通じゃない」という認識はあったし、両親からは「〝ばあば〟は確かにすごい人だけど、あなたがすごいわけじゃないから！」と口うるさく育てられてきました。だからそんな状況は理解しているつもりでいたけど、結婚して人並みにお金で苦労して初めて〝ばあば〟の偉大さに気が付いたのです。

〝ばあば〟に教えてもらった『お金』のこと

きっと〝ばあば〟は小さい頃から私に贅沢を教えてしまったから、早く結婚をさせて普通の苦労をさせたかったんだと思うんです。

専業主婦をやっているときは、子供の今後の学費が心配でパートに出ていたこともあり、自分が子供のときに〝ばあば〟にしてもらったような贅沢はとてもじゃないけど我が子にさせられませんでした。結婚してから『お金』を自分で作ることの大変さ、そして『お金』のありがたみを痛いほど知ることができたと思います。

ですが……私は他の人と違い、小さい頃から経済的にかなり裕福な〝ばあば〟と一緒にいたので、『お金』を持っている怖さもたくさん見てきました。お金はないよりも、ある方が怖いものなのです。だから、ずっと細木数子の後継者になることを拒否していました。

強制結婚から10年後、〝ばあば〟の爆弾発言

〝ばあば〟に誘導された結婚から3人の子宝に恵まれ、経済的には余裕はないけれど親子5人で仲良く暮らしていました。〝ばあば〟はテレビなどの表舞台からは退いていましたが、精力的に鑑定や勉強会は続けていました。当時70歳だった〝ばあば〟の最大の問題は後継者がいないこと。私が30歳のときに、再び運命を左右する発言が突然降りかかってきたのです。

「かおり、後継者になる話、そろそろ考えてくれない？」


ずっと見ないフリをして来たこと。

薄々こうなるんじゃないかと思っていたこと。

そして逃げられないんじゃないかということ。


一瞬で私の頭の中を「！」が駆け巡りました。続けて〝ばあば〟は、

「私が六星占術をどれだけ大切にしてきて、みんなを幸せにしたいと思っているかは、かおりもよく理解してくれているでしょう。この六星占術はあなた以外に任せる気はないから」

とも付け加えていました。

〝ばあば〟の後を継ぐなんて無理だよ……。

小さい頃から占いの話を聞かされていたので基礎的なことは知っていたし、〝ばあば〟から溺愛されていることも重々自覚していました。

〝ばあば〟の「養子になる」とか、「老後の身の回りの世話をする」だけならいいんですよ。19歳から専業主婦しかしてこなかった私が六星占術の鑑定をするなんて、とてもじゃないけどできる気がしない！　何よりも私は、〝ばあば〟が週刊誌にあることないことを書き立てられたり、激しいバッシングを受けてきたのを身近な立場として多く見てきたので、そうなることが一番の心配でした。

自分があんな重荷を背負い、世間からの批判の矢面に立つなんて……。そんなこと、やりたい人なんているのかな……。〝ばあば〟には申し訳ない思いでいっぱいでしたが、私は正直な気持ちを伝えました。

お金を持つことの怖さ

私が〝ばあば〟の後継者を断ったことを今読んで、

「六星占術を継げば、黙っていてもお金が入ってくるのに！」

こんなふうに思った人はいませんか？

もちろん細木数子の後継者として六星占術を継承したら、ある程度はお金に困らない生活はできるのかもしれませんね。

でも、私は小さい頃から、

「お金を持っている人の周りに起こることの怖さ」

「お金を持ったなりの苦労」

を近くでたくさん見てきたのです。

だから、私が自分から〝ばあば〟のポジションを望んだことはありません。

自分で苦労してお金を稼いだのにいろいろと揶揄《やゆ》されること、お金目当てに群がる心無い人たち……。六星占術が嫌いだから継ぎたくないんじゃない。小さい頃からそういうお金持ちの裏側の世界を見すぎてしまったんです。

〝ばあば〟の後継者を打診されたときは、

「無理無理」

と即座に断りましたが、

六星占術は〝ばあば〟が作ったものだし、占えるのも〝ばあば〟だけ。

弟子は誰もいなかったけど、もしかしたらいろんな人が「弟子にして欲しい」と思っていたかもしれません。

でも〝ばあば〟は口癖のように、

「いつかはかおりに継がせたい」

と言っていたから、誰も弟子になりたいなんて言えなかったのかもしれない……。


どうであれ、私は家族5人で平和に暮らしているんだし、『お金』や『権力』で自分の人生が乱されるなんて、本当にイヤだ！

〝ばあば〟が六星占術を心から大切にしているのは痛いほど知っていたけど、とにかく自分の人生を『お金』で引っ掻き回されることだけは勘弁して欲しいと願っていました。

運命か、それとも〝ばあば〟の執念か？

それから数年、私は後継ぎのことは忘れ、3人の子供はそれぞれ小学生、中学生、高校生になり毎日のお弁当や夕食作りに追われるような生活を送っていました。

そんなごく平凡な日々を過ごしていた私に、またもや〝ばあば〟からこんな話がありました。

「かおり、私の跡を継いでくれなくてもいいから、マネージャーとして仕事を手伝ってくれない？」

うっ……やっぱり〝ばあば〟は私を諦めてくれてはいない……。

でも、継ぐんじゃなくて、アシスタントやマネージャー業務なら手伝ってもいいのかも……。

あんまり私が拒絶して放ったらかしていたら、〝ばあば〟のお金につられた変な人たちが群がってきてしまうかもしれない……。

そうしたら大切な六星占術はどうなってしまうんだろう……。

自分では逆らえない運命なんだという諦めか、はたまた〝ばあば〟の執念なのか？

私はしぶしぶ事務的な仕事からお手伝いを始めました。

まず私に与えられたのは勉強会の準備でした。

勉強会の構成からその日に着る衣装の管理まで、秘書のような仕事がメイン。

テレビに出ていたときから〝ばあば〟は、スタイリストをつけず、膨大な量の衣装を全部自分で管理していたんですよ。

超高級ブランドのスーツや、煌びやかなドレス。

どれも1着100万円以上はするものばかりでしたが、〝ばあば〟は一回しか着用しないなんてことはざらにありました。

宝石に関しては億単位のモノがゴロゴロ。

やっぱりそういう高価なものを他人に任せるのは気が引けるので、私が管理をしていました。

もうこの頃はほとんどのテレビ番組を降板していたのですが、特番に出るときは私が衣装のスタイリングをしてテレビ局に同行。

そんな生活が1年過ぎたぐらいの頃に、

「これからは鑑定にも立ち会ってちょうだい」

と言われたのです。

お客様を占う鑑定場に〝ばあば〟は第三者を入れたことはありませんでした。

そんな神聖な場所に私を入れるということは相当な腹積もりなんだろうな……。

それは、もう後には引けないことを私が思い知った瞬間でした。

占いアンチだった子供時代

「今、かおりはこういう時期よ！」

「ほら、言ったとおりになったでしょ！」

小さい頃から要所要所で〝ばあば〟は私に六星占術に基づいたアドバイスをくれていました。

これも羨ましく感じる人はいると思いますが、私は嫌で嫌でたまらなかったんです。


たしかに「当たる」とか「すごい」と思うことはありました。

でも、あまりに〝ばあば〟の存在が近すぎて、反発ばかりしていたのです。「いくら当たるからと言って、その通りにしなくちゃいけないの？」「占いに従って考えないとダメなの？」。未来がわかることで自由がなくなるような気持ちになり、占いとの付き合い方がわからなかったんだと思います。

そんな占いアンチだった私ですが、〝ばあば〟の鑑定に一緒に入ることでだんだんと心境に変化が生まれてきました。

鑑定前は悩みや心配事で暗い顔だった人が、〝ばあば〟の占いからアドバイスを受け、帰る頃には晴れ晴れした表情になっている。

帰り際、

「ありがとうございました」
「本当に助かりました」
「おかげで家族が仲良くなれそうです」

と言う姿を何度も見るたびに、本当にすごい！　と思ったんです。

お客様の中には親子3代で通ってくれている常連さんもいるんです。

お客様にこんなに信頼されて喜んでもらっている。

そんな光景を見ているうちに、

「私が六星占術の継承を断ったら、細木数子が人生をかけた情熱で積み上げてきたものが途絶えてしまう……」

「私の『やりたくない』という気持ちで終わらせてしまっていいのだろうか……」

などという考えが浮かんできました。

悩んだ末に、35歳のときに〝ばあば〟の願いを受け入れ、後継者になることを決めました。

正式に細木数子の娘として

2016年8月18日、私は正式に細木数子の娘になりました。

実母はこの時すでに他界していたのですが、生きていたらとても喜んだと思います。

この日に養子縁組みをしたのは、六星占術でみると、〝ばあば〟、私、夫、そして3人の子供たち6人全員の良い運気が重なる日だったから。この日を逃すと12年後までチャンスがないということで、その日に向けて準備を始めました。

そして、六星占術の継承者として2018年、正式に引き継ぎをしたのです。

そのとき〝ばあば〟は本当に嬉しそうにしてたんですよ。

一番気になっていたお墓の継承も、戸籍を動かしたことで安心したみたいです。

引き継ぎと言っても歌舞伎みたいに襲名披露のようなものなんてなく、〝ばあば〟は時間をかけてすべて私に伝え渡してきていたので、特に儀式のようなものはありませんでした。この覚悟をするには長く時間がかかったけれど、でも最後は自分で覚悟を決めました。何度も話し合ったいま、この決断に迷いはありません。

私はバッシングに耐えられるの？

私には〝ばあば〟が人生をかけて情熱をそそいできた六星占術に加えて、子育てや結婚生活の実体験がある。

これからは若い世代にも六星占術の素晴らしさを知ってもらい、広く伝えていきたい。こう思っていたタイミングで、バラエティ番組のオファーが舞い込んできました。

世の中は私のことを『細木数子』のあの強烈なイメージを重ねて見るんだろうな……。『細木数子』みたいな辛口なトークをみんな期待しているのかも……。

それによって、私の夫や子供たちはどんな言われ方をするんだろう……。

六星占術を多くの人に知ってもらうには、テレビはとても効果があるけど……私が恐れたのは世間からのバッシングでした。

〝ばあば〟がバラエティ番組に出ていた頃、頻繁に週刊誌にはあることないことが書き立てられていました。

いつも事務所に突然ＦＡＸが送られてきて、見ると〝○○の件をどう思いますか？　あと2

時間で返信してください〟などとありました。誠心誠意ちゃんと回答しても、ＦＡＸを返信しなくても、勝手にひどい書かれ方をされていました。

メディアに出るということは、私にもあんな生活が待っているのだろうか……。

母・細木数子の本当の姿

「地獄に落ちるわよ！」

「そんな女とはもう別れなさい！」

テレビの収録で辛口な発言を繰り返していた〝ばあば〟。

世間からは鉄の女のように見られていましたが、実は〝ばあば〟はそんな人ではありませんでした。

「辛口に」

「もっと鋭く」

こんな風にテレビの演出で〝ばあば〟に求められるのは、意地悪で怖いお婆さん。

でも、実際の〝ばあば〟は、信じられないかもしれませんが、それと正反対の一面を併せ持っています。

毎回テレビの放送が終わると必ず〝ばあば〟から電話があり、

「今のテレビ、ちょっと言いすぎてたかしら？」

「あんた、今日の私はどう見えてた？」

などと聞いてくるのです。


私はいつも正直に答えていました。すると、

「ちょっとキツかったたね」

「やっぱり言いすぎちゃった、可哀想だったわね……」

こう言いながら落ち込んでいたのです。

あの強気発言はパフォーマンスであり、相手を考えてのこと。

本当の〝ばあば〟はその裏で相手を常に思いやるような人なんです。

そんな姿をメディアでは絶対に見せないからこそ、多くの誹謗中傷を受けていました。

大きな宝石のついた指輪やゴージャスなスーツは仕事用。家にいるときは面倒くさいと言って、質素な格好をしているのが本当の〝ばあば〟の姿なんです。

私はあんなバッシングに耐えられるのかな……。

子供たちにまで嫌な思いをさせてしまったら……。

私はバラエティ番組に出演するのが怖くて、オファーを受けるかを決められずにいました。

「悩んでるの？」

こう〝ばあば〟が私に聞いてきました。

そして優しく諭されました。

「人に何を言われても自分が正しいと思うことから絶対にブレてはいけない」

「人の評価を気にしていたら何も進まない」

「細木数子になる必要なんてないんだよ。かおりはかおりのまま六星占術の基本にある教えを自分らしく伝えていけばいい」

そう教えてくれたのです。

この〝ばあば〟からの言葉で、やっと腹をくくることができました。

現在の細木数子は？

最近よく聞かれるのが、

「細木数子さんはどうしてるんですか？」という質問。ちょっと前に、

「細木数子、胃がんで闘病中」

などのウワサが出回り、それを信じた人たちから「大丈夫？」なんて聞かれることも多いのですが、ハッキリ言ってデマです！

〝ばあば〟の健康診断の結果は私が直接医師から聞いているので、どうして事実と違うことが出回るんだろう？　と本当に不思議でなりません。いつもだったら〝ばあば〟は、ウワサなんて気にしていたらキリがないよ！　と言っているのですが、さすがに胃がん騒動のときは、

「あんた、私に病気のことを隠していたの⁉」

と慌てていたぐらい（笑）。

そんな〝ばあば〟は私の家族と一緒に生活してます。

テレビで夢中になってスポーツ観戦をしたり映画を観たり、自由気ままな生活を楽しんでいます。老人が一人でゆっくりしているんだから、そろそろ週刊誌やネットニュースは放っておいてほしいですよね（笑）。

すべては〝ばあば〟の思惑通り

4月に、81歳の誕生日を迎えたのですが、以前から、

「80歳になったら表舞台から身を引いてのんびり静かに過ごしたい」

と口にしていたんです。その言葉通り、今〝ばあば〟は引退している状態です。

でも、よく考えたら80歳で引退するとなると……私が30歳のときに、後継者になって欲しいと

伝えられたこと、35歳でアシスタントをし始めたこと、さかのぼって19歳で結婚したことなど、すべては〝ばあば〟が六星占術を使って運勢を割り出して、いい方向に進めていたんだなと今になってわかったんです。
「やられた！（笑）」
という気持ちもありますが、よく考えてみると、今が一番幸せだなって思うんです。

六星占術は占いですが、人生は良いときもあれば悪いときもある。
だからこそ、教科書のようにその教えに沿って生きるのではなく、人生の羅針盤のように自分の目指すべき方向に進む道具として活用してもらいたいというのが私の願いです。

この本では、私が母・細木数子から学んだ六星占術の教えをもとに、みなさんが幸せに生きるためのヒントをお伝えできればと思っています。みなさんに本当に幸せになってほしいと思っているので、ちょっぴり厳しい愛のムチが飛び出すことがあるかもしれません。

では、ビシビシと進めていきましょう。

細木数子に連れられて、上機嫌のかおり3歳。

細木数子に懐いていたかおり2歳。
この頃から、かおりへの溺愛がはじまる。

PART 2

第2部

あなたが幸せになれない理由

人が幸せになれない理由を
ある女性のエピソードをもとにご紹介。
かおり先生の愛のムチが飛び出します。

第1話

占いにハマる女

占いが好きな女性の特徴

朝の情報番組の占いにはじまって、通勤途中はスマホでタロット占い、ランチタイムは雑誌の占いコーナーを見て、週末は予約困難な有名占い師のところへ、そして寝る前はスマホで明日の運勢の予習まで……。

こういう女性は周りにいませんか？

まさか、あなたがそんなことをしているんじゃないでしょうね？

占いにハマっているというか、占いに依存している女性の特徴は、良いことが書いてあるまで見続けるっていうところ！　悪いことが書いてあると、良いことが書いてある占いを見るまでは安心できなくて、好きな言葉は「大吉」「幸運日」「ツイてる」……。もうこれは占い好きというより、完全に〝褒められたい〟〝認められたい〟という承認欲求よね。

「明日はラッキーＤＡＹ」「今月はステキな人から告白されるかも」こんな予言を聞いて、忙しい毎日もワクワクしながら頑張れるのなら、それは占いのポジティブな活用方法よね。

でも、占いにハマる人のタチが悪い部分は、人の話を素直に聞く力がないところ。

どんなアドバイスも自分の都合の良いことしか聞く耳がないのよ！

いい？　ここが重要なポイントよ！

占いで良いことを言われたら「気分が良く」なり、悪いことを言われたら「不安」になる。

占いってそんなに単純なものじゃないの。良いことを言われたらそれが実現できるようにより努力をするべきだし、悪いことを言われたら回避できるように工夫しなくちゃいけないの。

それを中途半端に〝都合の良い部分〟だけ受け取るから、間違った解釈をしちゃうの。

大殺界が恐怖の3年間だなんて誰が言った？

母の細木数子がバラエティ番組に出演していたとき、恐ろしい顔をしながら「大殺界」って言っていたもんだから、

〝大殺界が来ると地獄に落ちる〟とか、〝12年のうち3年間は恐怖の運気がやってくる〟こんな間違った伝わり方をしてしまい、こっちは大変なのよ。


六星占術の継承者の私が断言しますが、ちゃんと理解していれば大殺界は恐怖の3年間ではありません！


人間には12年間を1周期とする春夏秋冬のような運気の巡りがあるの。

その冬の部分を大殺界と呼んでいます。

いくら「大殺界がイヤ」だと言っても、あなただけ特別に冬の季節をワープするなんて絶対に無理じゃない。

だから、誰にも平等に大殺界はやってくるし、絶対に避けることができないの。

大殺界が恐ろしいものだ、と思い込んでいる人って、「大殺界中に海外出張になっちゃったんですが、どうしましょう。断ったほうがいいですか?」って、こんなことを聞いてくるの。

社会人として責任のある仕事をしている限り、そんな自己都合は通るワケないじゃない。そんなことで仕事を断っていたら、大殺界の前に会社をクビになるわっ(笑)。

だいたい自己流に解釈をしている人に限って、大殺界のときに「どうしよう」とオロオロして、余計なことをしてより事態を悪化させちゃうのよね。

大殺界は季節でいう「冬」に当たるんだけど、コートを着てマフラーをして手袋をして防寒すれば寒くないでしょ。そしていつもよりも慎重になればいいだけの話。

たしかに大殺界中は、家を建てるとか転職、開業とか、人生の大きなアクションを起こさないほうがいいわ。

そういう大きな人生のイベントは、12年のサイクルのうち、たったの3年を避ければいいだけ。先を見越してそれまでの9年間で、早めに計画して準備しておけば慌てずに済むのよ。

大殺界と聞いて慌てている人って、冬になっても夏のタンクトップのままで「寒い!」と震えているのと同じこと。

占いで〝大殺界〟だとか、〝大凶〟だとか、最悪なことを言われたって、それを回避する方法は必ずあるから安心して。

どんな選択をしたかで運命は変えられる！

占い結果をもとに「何を選び」「どう決めたのか」。

あなたの選択次第で運命は変えることができます。

でも、そのためには占いを正しく使ってほしいのです。

「占いの先生がこうしろと言ったから」

「大殺界だから◯◯しなくてもいい」

このように大切な決断まで占いに依存している状態の人は、わざわざ高いお金を払って自分で〝幸せになれない〟という選択をしているのと同じこと。

せっかく働いて得たお金、それほどもったいない使い道はないじゃない。

占いはあなたの人生の教科書じゃないの。
問題を解く方法を教えてくれるわけでも、
人生を楽に生きるための参考書でもないの。
私は占いを人生の羅針盤として活用してもらいたいの。

いくら信用している占いだからって、鵜呑みにして、その効力を過信しすぎちゃダメ！

あなたの人生を占いに委ねてどうするの？　自分の人生は自分で開拓しなくっちゃ。

人生に楽な道なんてない！

占い師が○○しなさいと言ったとおりにやって、本当に大成功した人なんて世界中に数人いるかいないかの話。本当に大成功する人というのは、占いで聞いたことを自分なりに〝どうやったらうまくいくのか？〟と考えて、実際に行動に移した人だけ。

「今が出会いのチャンス」と言われたら、キレイに見える格好をして出会いの場に繰り出さなきゃ。それを普通にボーっと通勤しているだけで、イケメンから声をかけられるかも？　なんて自分に都合の良い解釈をしてしまうから、何の占いを見ても「当たらない」と思うのです。もうそういう女性は大殺界の3年間、穴でも掘って閉じこもっていればいいのよ。

六星占術はそれぞれの人のリズムに合わせて、ベストなタイミングが割り出せる仕組みです。まさに人生の羅針盤、進むべき計画を立てるにはベストなものなの。

その方法を使いたくさんの人が幸せになってきているのを、私は小さい頃から見てきました。だからと言って、占いは人生の羅針盤以上でも以下でもないわ。

道端の占い師や雑誌の占いコーナーの担当者は、あなたの人生に責任なんて取ってくれません。

あなたの〝心〟以外にあなたの人生の正解を知っている人なんていないのよ。

占いに依存しているだけじゃ、良い出会いも期待できないし、結婚だって遠のくばかり。良い距離感と正しい活用法を理解してから、占いを取り入れてみてください。

第2話

毎朝ギリギリまで寝ている女

朝バタバタな女は運気が悪い！

みなさんの中で、毎朝バタバタと慌ただしく出かけていく人はどのぐらいいるかしら？

夜中までSNSを見て、ベッドに入ってからもスマホをいじってダラダラ。

寝るのが遅くなるということは、朝起きるのも当然に遅くなるのよね。


そんなみなさんに質問です。

朝の時間に余裕がない毎日を送っている方は、ご自分の運気が良いと思いますか？

私は六星占術の継承者ですが、そんなことは占わなくてもわかります。

朝ギリギリまで寝ている女性は、何をやってもうまくいきません！

朝が弱い女性に限って、決まって部屋も汚い！

朝、カーテンも開けず、朝食も食べず、身だしなみを整えるだけで精いっぱいで慌てて家を出るんだから、部屋がキレイなわけないじゃない。そして、仕事が終わると、またその部屋に帰るのよ。

みなさんはこの状態がどれだけ運気を下げているかわかる？

汚いものに蓋をしておいてもずっと汚いまま。あなたの部屋はそれと同じ状態なのです。

ずっと汚れた〝気〟が溜まった空間で生活しているのよ。

良い〝気〟というものは、汚いところには決して寄り付きません！

だから、部屋が汚い女性のところには「運」も「幸せ」も舞い込んでこないの。

母の細木数子は〝気〟をとても大切にしているの。

毎朝起きたら、まず〝気〟を入れ替えるために、家中の窓を開け空気を入れ替えることから一日が始まります。

そして朝日を浴びて気持ちのリセット。

それはどんなに暑くても寒くても毎日必ずです。そして、さっと掃除をするのです。

これはうちの会社でも同じことをしていて、朝出社すると必ず窓を開けて空気を入れ替えることからスタート。どんな役職に就いていても、どんなに偉くても掃除をすることから始まるの。

だから採用面接のときに、

「うちの会社は清掃業者を入れていないので、朝は掃除から始まりますけどできますか？」

と確認しているの。

それなのに「私はこんなキャリアがあるのに掃除をしなくちゃいけないんですか？」

とか言う人がいるのよ。

どんなに仕事ができようと、もっと大切なことがあるって気が付いていないのね。

そうそう、転職するときや飲食店に行ったら、トイレをチェックしてみて。

トイレが汚い会社は絶対に儲かってないし、飲食店もおいしいはずないから！　だって、そんなことに気を回せない人たちがやっているものがうまく回っているわけがないでしょ！

それと同じく、あなたの部屋が汚いということは、人生がうまく回っていないということの表れなのよ。

言ったら危険！　運気を下げる〝NGワード〟

これから細木家に伝わる朝の常識、誰にでもできる開運方法をお伝えしますね。

「忙しくてできるかな？」なんて思った人はいないかしら？

今の時代、みんな様々なタスクに追われているし、忙しいのはみんな同じ。

あなただけが特別に忙しいなんてことはないのよ。

だから「忙しい」というのは、ただの言い訳。時間って『自分で作るもの』って言うじゃない。

ほら、自分の好きなことはどんなに忙しくても時間を作れるでしょ。

ちょっと話はそれるけど……もし、付き合っている彼氏や狙っている男性から、

「忙しくて会えない」

なんて言われたら、その男性は要注意。

男性の「忙しい」は絶対にウソ！　あれは絶対に言い訳だから。

本当に自分が〝会いたい〟と思ったら、どんなに忙しくても時間は作れるでしょ。

だから「忙しい」というワードが出たら、今の段階では可能性はないなって思わないとダメ！

それでもまだその男性を好きなら、そこからどう挽回しようかと考えるのもアリだけど、私だったら引いちゃうな。

というか、そんなことを言われたら腹が立つ！

時間も作れない男性なんて私はいらない！

みんな忙しくてもなんとか時間をやりくりしているのに、そんなことを言ってくるなんて失礼よ。

そのぐらい「忙しい」という言葉は、運気を下げるＮＧワードなの。

運気を上げる朝の過ごし方

まず、自分の部屋が汚いのに「素敵な人と出会いたい」なんてどんなに願っても無理！

そんなこともできていないのに、素敵な男性があなたを選ぶわけはないんです。

これは本当に昔からのルールで、〝良い人に出会ったらちゃんと部屋をキレイにしよう〟と思っている人もいると思いますが、運気アップの法則はその逆！


ちゃんと部屋をキレイに保ててからしか幸運は舞い降りてこないのです。


では、今回は特別に運気の上がる朝の過ごし方をお教えしますね。

これは細木家に代々伝わるものだから、毎朝やってもらうと確実に運気が上がり続けます。


まず、起きたら必ずカーテンと窓を開けて、風が流れているのを感じて。

そして太陽の日差しを浴びるのです。


たったの５分でいいんですよ。

空気の流れが変わったと思ったら、もう窓を閉めても大丈夫。

たったこれだけなんです。

「えっ、それだけですか⁉」と思った人もいると思うけど……本当に、たったこれだけ。

これだけで〝気〟が入れ替わり、あなたに良い運気が入ってくるようになるんです。

人生を変えたいなら30分早く起きてみて！

次に、毎朝30分早く起きることをオススメするわ。

ウソだと思うなら、騙されたと思ってやってみて欲しいの。

窓を開けて掃除をしたら、ここまでで10分。

その後は、丁寧に入れたお茶やコーヒーを座ってゆっくり飲んでください。

これだけで心のゆとりができます。この時間が自分と向き合う大切な時間なのです。

そしてご自分の心に問いかけてみて。

「私が望む幸せはどんな形？」「今日はどんな一日にしたいの？」

こうすることで持てるのは「心のゆとり」。

これがないから、今の慌ただしい時代に飲み込まれてしまうのです。

もし、あなたが今〝ツイていない〟〝恋愛がうまくいっていない〟〝運気を上げたい〟、こう思っているなら、ぜひやってみてください。どんなに文明が進歩しても、この法則は変わりませんから。

第3話

酒の勢いで股が緩む女

女の酔っぱらいほどみっともないものはない！

会社の同僚との飲み会、女子会、そして合コンとお酒を楽しむ機会も多いわよね。私ってお酒が強そうに見えるでしょ。でも、普段は全然飲まないの。意外かしら？　なんだか昔から酒豪に見られることが多いんだけど、仕事の会食などでも飲んでも初めの一杯ぐらい。体質的にお酒が飲めないわけじゃないの。私は〝女の酔っぱらい〟が大嫌い！　ああなりたくないからお酒を飲まないのよ。

だからと言って私は〝お酒が嫌い〟じゃないの。私が嫌いなのは、お酒を〝現実逃避の道具〟みたいに間違った使い方をしている人！

普段はそんなことをしないのに、お酒を飲むと男性にしなだれかかったり、急に甘えてみたり、記憶をなくしたり、会ったばかりの男性と体の関係を持ったり……。

酔って男性から介抱されている女性を見ると「そうなるまで飲むな！」と言ってやりたくなるの。まだお酒の経験が浅い学生ならわかるけど、30歳を超してもそういうことをやっている人を見ると「飲まれるなら飲むな！」って言いたくなるわ。

それで次の朝、

「お酒のせいだ！」

「こんなはずじゃなかったのに……」

とか、お決まりのように言うのよね。

もう、これはお酒のせいでも何でもなくて、全部あなたのせいです！

酔って態度が変わるのは自信がない証

お酒との付き合い方がわかっていて、お酒を楽しめる人ならいいの。

問題は、お酒を飲むと急に男性にスリスリしたり甘えたりする人。

それって自分に自信がない証拠なのよ。シラフじゃとてもそんなことできないから、お酒の力を借りて普段隠している欲求が出ちゃってるの。

そういう人を見ると情けなくなるのよ。いつもだったら男性に声もかけられないのに、お酒を飲んだとたん、酔ったフリなのか本性なのかわからないけど急に男性にベタベタし始めちゃう人も。それでやっぱり、次の日に決まって反省するのよね。

そんなこと繰り返していると、周りから人がいなくなるわよ！　そういう女性が一番嫌われるのに、それに気が付いていないのかしら？　ノンアルで過ごしている私はそういう人を冷静に見ながらつい思っちゃうの。お酒の力を借りなくても、もっと自然に男性に接することができたら、人生変わってたんだろうな……って。

会ったその日のHは自分の安売りでしかない！

いろんなタチの悪い酔っ払いがいるけど、

一番ダメなのは、お酒を飲み過ぎて会ったその日に男性とHをしてしまう女性。

これから結婚したいと思っている女性が、それはまずいでしょ。そんな簡単に体を許しちゃう女性を、どの男性が一生をかけて大切にしようと思う？

例え、それがきっかけで付き合ったとしても、その後が大変よ！

だって、本来なら会話のやり取りやお互いの行動を見て気持ちが高まってからはじめてHをするものなのに、こういう過程を一気にワープしてしまうリスクは必ずある！　だいたい体から入った関係で、ずっとあなたの体に飽きさせない努力のほうが難しいと思う。

簡単に手に入ったのに〝また抱きたい〟と思わせるように仕向けるのは大変よ。

あなた以外にも若くてキレイで身持ちの固い女性はたくさんいるわけだし。

人って簡単に手に入ったものにたいして、愛着が薄いもの。

先に自分を差し出しておいて後から大切にしてもらえないと泣くなんて、そんなのわかりきっていることじゃない。もっと自分を大切に！　絶対に安売りしてはいけません。

六星占術でわかるHの相性

こういうことを言うと「だって体の相性も大切なんです」とかヘリクツを言う人がいるのよ。

もちろんHは愛情表現の一つとして大事よ。

「するな！」とは言いません。ちゃんと相手を見極めてから判断をして欲しいのです。

でも、Hをせずに相手との体の相性を調べる方法があるのをみんな知らないのよね。六星占術で相手の星を調べれば、ビックリするぐらいHに対しての考え方や相性がわかるのです。

まず、「水星人」。この星の人は男女ともにHが大好き！　ちょっと変わったプレイも好きだから変態の気質もアリ（笑）。

その真逆な星は「木星人」。淡白でHに対してマジメで考え方もとっても堅いの。だから、「水星人」と「木星人」の組み合わせだと、お互いに辛いわね。

本当はエロいのに〝自分はHなんて好きじゃないです〟という感じで、まったく表に出さないのが「火星人」。

「金星人」はHをまるでスポーツとして捉えているから、理性よりも快楽を優先する人が多いのが特徴。

「土星人」はHも恋愛も一途だし、恋多き星「天王星人」は一人の人とじっくりというより、たくさんの人と楽しみたい気持ちが強いんです。

実際にあなたが体を張って相性を確かめなくても、ちゃんと調べる手段はあるのよ。

これは本当に当たるのよ！

相手の星の特徴を知っておくと対策が練れます。これから将来のパートナー探しをしたい人は役に立つから、まずは相手の生年月日を入手して調べてみるといいわね。

「飲んだら〝やるな！〟」

もうこの言葉に尽きます。

自分を安売りしないようにする意味もありますが、それよりも、

不特定多数の男性とHをしている人の運気が良いはずないじゃない。

よく考えて！

酔った勢いで体の関係を持つということは、相手の素性まで詳しくわからないじゃない。

……ということは、運気の悪い男の可能性だってあるのよ。

運気の悪い人とHをするということは、その悪いパワーや邪気をもらってしまう危険があるの！

どんなに開運して婚活してたって、そんなのを食らったら回復するまで大変なダメージを負うことになるわ。人の邪気や悪いパワーほど怖いものはないのよ。

それにHは妊娠の可能性だってあることぐらいはわかっているわよね。

よく知らない男性の子供を産める？

何かあったとき、結局傷を負うのは女性なの。

そういうときに男性はお金でしか解決できないんだから、自分の身は自分で守らなくっちゃ。

私は心からみなさんに幸せになってもらいたいのよ。

だから、お酒や子宮で物を考えず、まずはご自分を大切にすることを考えてくださいね。

第4話

ＳＮＳ命の女

大切な情報を見落としていない？

突然ですが、みなさんは一日に何回SNSを見るのかしら？

暇なときにボーッとSNSを見ていたら、いつの間にか時間がたっていたなんていうことも多いわよね。

友達、会社の先輩後輩、好きなアイドルや海外セレブ……。

たくさんの人をフォローしているといろんな情報が得られるけど、その情報ってあなたが本当に求めているモノなのかしら？

トレンドを知りたい、憧れのブランドの新作を知りたい、SNSでフォロワーが多い人、なんとなくの知り合い……こんな感じでどんどんフォロー数が増えていくものよね。

でも、その状態って、気が付いたらすごく多くの情報に埋もれてしまってるんじゃない？

SNSは気軽で便利なものだけど、

多すぎる人間関係は「時間」という大切なものを奪うのよ！


そこまでよく知らない人のために自分の時間を消費する必要って、どこにあるのかしら？

それに、あなたにとって本当に大切なものが、そこまで必要じゃない情報に埋もれていることって、案外少なくないような気がするのよ。

「いいね！」やフォロワー数、評価は欲しいけど……

SNSについてまわる「いいね！」やフォロワー数とか、人から評価を得たいのは当然よね。私だってそうだもの。誰かが評価をしてくれると、視覚的にも自尊心を満たしてくれるわ。それで自信が持てたり頑張れることもあるから、数字を否定するつもりはないの。

でも、それだけでその人の存在価値まで決めてしまう人もいるのよね。

人ってちゃんと対面してこそ心が通じ合えるもの。


スマホの四角い画面に表示される数字なんて、所詮ただの数字。


それをちゃんと理解しているならいいの。

でも、たかが数字に自分の心を奪われちゃっている人ってたくさんいるじゃない。

「いいね！」やフォロワー数を増やしたいがために、好きでもない人たちと一緒にいたり、楽しいフリをしたり。それにSNSにアップするためだけに食事をオーダーして、ろくに食べもせずに平気で残す人もいるじゃない。

人からの関心や羨望のまなざし欲しさに、無理して自分を大きく見せたりしていないかしら？

もしそんなことをしているとしたら、あなたの大切な時間を何のために使っているの？

人って〝お金〟は残高がハッキリしているから大切にしようとするけど、意外と〝時間〟は無限にあると思いがちなのよね。

でも〝お金〟も〝時間〟も同じように限りがあって、お金を節約する感覚で、本当は時間の大切さもちゃんと知ってもらいたいのよ。

人は亡くなる間際に自分の人生が走馬灯のように流れていくって聞くじゃない？　そのときにスマホの四角い画面を見ているシーンばっかり出てきたら、私だったらガッカリしちゃうわ。

広く浅い人間関係の罠

フォロワーの数の多さを重視しちゃう人は、本当に自分のことを話せる深い繋がりを持っていない人が多い気がするのよ。

家族の結束とか、心を通わせる親友の存在って、自分自身の基盤で何よりも大切なものよね。

それなのにフォロワーの数や人脈だけを自慢する人がいるけど、

広く浅い分、相手だってあなたのことを浅くしか思ってくれていないのよ。

じゃあ、あなたが本当に困ったとき、そのフォロワーたちは駆けつけてくれるの？

きっとお互いケータイの番号すら知らないんじゃない？

でも家族やあなたの大切な人は、何があっても駆けつけて助けてくれるわよね。

たくさんの知り合いがいたり偉い人と繋がっていると、なんだかとても心強い気がするけど、その繋がりは自分を大きく見せた偽りのあなたとの関係よね。

その人たちにあなたは弱音を吐ける？

泣き言を言える？　ノーメイクの顔を見せられる？

自分のことをたいして知らない人の目が大切？

家族とか親友とか、自分にとって本当に大切な人たちがあなたの人生の主要な登場人物だとしたら……ＳＮＳだけで繋がっている関係の人は、あなたの人生にそこまで関わりはないわね。

ＳＮＳは、その人たちに向けて発信している場合が多いんじゃない？

自分の人生でそこまで重要じゃない人のＳＮＳを見て、嫉妬したり、見栄を張ったり、嫌な思いをしたりするなんて、なんだかバカバカしい気がしちゃうんだけど、私だけかしら？

ましてや嫌な書き込みやコメントを見て心を痛めたりしている人もいるじゃない。

こういう行為って、痩せたいって言いながらチョコレートを食べているのと同じレベルよ！

人の意見を聞くことも大切だけど、会ったこともない人や、匿名の人に自分のことを評価されて一喜一憂するなんて、それこそ自分の「時間」の無駄遣いよね。

それに自分のことをたいして知らない人たちの〝今日食べたもの〟や〝素敵な人たちとのパーティー〟の情報に、本当に大切な情報が埋もれてしまっているかもしれないわ。たくさんの情報で溢れて、速いスピードで流れていく今、「不要な情報」に振り回されていたら、それこそ足をすくわれちゃうわよ！

あなたの魅力を輝かせるために

私は仕事柄、たくさんの人のＳＮＳをフォローしているように思われることも多いけど、インスタのフォロー数なんて20人前後よ。だって仕事や家事に追われる毎日を送っているのに、そんなに多くの人の情報までキャッチアップしていられないのよ。

情報過多の今の時代、不要な情報を完全にシャットアウトすることなんて難しいけど、

今のあなたの魅力を曇らせている原因がSNSにあるとしたら、極論の解決策は人のSNSを見ないことね。


魅力があって輝いている人の共通点は、人の意見に流されず、自分の信じた道を進んでいる人なの。アンチの存在を気にしたり、「いいね！」の数に惑わされたりしていたら、人って無意識に〝人に嫌われない方法〟を選ぶようになるのよ！　みんなと同じ意見に従って、目立たず、自分の個性を出さずに〝無難〟な人を演じていれば、嫌な思いをすることもないわね。

でも、あなたが万人に向けて〝私は良い人です〟っていうアピールをすることに、何の意味があるのかしら？　みんなに好かれる必要なんてないのよ。

世の中にはどんなに正しいことをしていても嫌われる人もいるし、反対に、大したことをやっていなくても高い評価を受ける人もいる。でも、その評価を下しているのはあなたのことをたいして知らない人たちよ！

あなたの人生のメインキャストたちは、傷ついたら一緒に泣いてくれて、絶対にあなたを見放さないわ。だから無理してみんなに好かれる必要なんてないのよ！

第5話

わざと合コンに遅れてくる女

合コンに遅れてくる女は致命的！


『時間にルーズな女性』ってみなさんの周りにいない？

はじめに結論から言っちゃうと、

時間にだらしない女性は、何をやってもダメ！

そのなかでもタチが悪いのは、「わざと合コンに遅れてくる女！」

もうね、この手の女性は手のつけようがないぐらい重症ね。こんなことを言うと「かおり姉さん、辛口ですね！」なんて言われちゃいそうだけど、これぱっかりは本当なんだから仕方がないわ。

本当に不思議なんだけど、「いい女は合コンに遅れてくる」みたいな変な計算が昔からあるじゃない。何のアピールだか知らないけど、遅れてきて男性陣からの注目を集めようとしているのね？

でも、それは結局、みんなと同じスタートラインだと勝ち目がないという自信のなさが見え隠れする心理行動ね。

もしくは、自分が遅れている間に周りの人に〝場〟を温めさせておいて、優しい男性陣から、「せっかくだから真ん中座りなよ」

なんて言われながら料理を取り分けてもらってチヤホヤされるとでも思っているのかしら？

もしくはキャリアウーマン風に「仕事でちょっと遅れちゃった」なんて出来る女の演出なの？

タチの悪い女性に限って、そういう行動を〝モテるテクニック〟だなんて勘違いしているみたいだけど、この時代にそんな薄っぺらい作戦に騙される男性なんていないわ！

まあ、それが作戦だと言うなら、一度は目立つことは間違いないわ。

だって、遅れてきているんだから。

でも、私が男性だったら、

「そんなに忙しいなら、合コンなんて来なきゃいいのに」

「仕事が忙しいのに合コンには来るんだから、相当男に飢えているのかも?」

こんなことを思っちゃうけどね。

世の勘違いしている女性に向かって言いますが、普通に考えて……遅れてくる女性よりも、ちゃんと時間通りに来てくれる女性のほうが絶対に好感度は高いんだからっ。

時間にルーズな女はとにかくだらしない

間違ったモテるテクニック以外にも、メイクや支度に時間がかかって、つい約束の時間に遅れちゃう人もいるわよね。

まず時間にルーズな女性というのは、とにかくだらしない!

「だって遅れるといっても2~3分ですよ!」

なんて言い訳をする人もいると思うけど、
その2~3分が〝幸せ〟と〝不幸〟の分かれ道。

たった2~3分のために自分の大切な人に向けて、

「私はとってもだらしがなくて信頼できない女性です」

と宣伝をしているのと同じことよ。軽い気持ちなのかもしれないけど、たった数分でどれだけのものを失っているかを考えたら恐ろしいことなのよ、本来は。

遅刻魔は運気の波にも乗り損ねる！

毎日の生活の中でいつも数分遅れてしまう遅刻常習犯は、良い運気の波にも実は乗り遅れているという落とし穴があるの。

良い運気に乗るために必要なのは、計画性と決断力。

遅刻魔って、運をつかみ取るために必要な、その絶対的な2つが欠落しているのよ。

六星占術でみる運気のリズムはとても正確です。

先日、私に悩みを打ち明けてくれた女性がこんなことを言っていました。

「かおり先生がここ数ヵ月はチャンスが多いと言ってくれていたのですが、忙しくて何もできないまま終わってしまいました」と。

私はその言葉を聞いて悲しくなっちゃったわ。その方は小さい頃から目指していた夢があと一歩のところでなかなか実現しない状態が続いていたの。私は六星占術で実現しやすい時期を割り出して数ヵ月前から準備をしておくようにとアドバイスをしていたのよ。

でも〝忙しくて何もできなかった〟というのは、日々のタスクに追われ計画を立てられなかったというただの言い訳！

人生に〝良い時期〟というものは、そう何度も巡ってくるわけじゃないのよ！

時間にルーズな人にとっては、1本電車に乗り遅れたぐらいの感覚なんだろうけど、もう自分の目的地まで乗せていってくれる電車はあなたの前には止まらないかもしれない……。だらしなく無計画ということは、それだけのチャンスを自ら失っていることと同じ状態なのです。

時間にルーズな人は友達からの信頼もない！

本人は気が付いていないかもしれないけど、時間にルーズな人って同性の友達からもあまり好かれていないということが多いの。仲間内でも「あの子は絶対に遅れてくるからね」って、きっと陰で言われているんだから。

待たされる方もバカじゃないから、いつも時間に遅れる人には早めの集合時間を伝えたり工夫をしているはず。毎回何かの対策をしないといけないような人って面倒くさいじゃない。それを上回る素晴らしい人格があれば別だけど、たいていの場合は、

「面倒くさいから次から呼ばなくてもいいよね」

と、仲間からも格下げされちゃうのよ。

女性同士って、表面的には仲良し風に装うことが本当に上手。でも、信頼できない人には大切な相談や大事なお願いはできないわよね。

時間にルーズなことが常習化している人は、たった数分の遅れでも、その100倍以上の大

切なものが自分の人生からこぼれ落ちてしまっているの。「ちょっと遅れちゃった!」という軽いノリなんだろうけど、人生の大切なものを失っていることに早く気が付いて欲しいわ。

運が良い人こそ時間には正確

運がよく、何をやっても成功し、お金も人脈も全てを手にできているような人っているでしょ。そういう人は必ずと言っていいほど時間には正確なのです。

仕事で考えるとわかりやすいんだけど、遅れるかもしれない人に大切なお客様を紹介できないでしょ。だからこそ、今活躍しているタレントさんはマネージャー、会社の社長は秘書に時間の管理を徹底的に任せているの。

忙しくて時間の管理ができないからじゃないのよ。

時間に遅れるということがどれだけリスクがあり、時間を無駄にするということがどれだけマイナスかを、よくわかっているから。

自分の人生や仕事において、「やるべきこと」「やりたいこと」があるなら、数分遅れている場合ではありません。

しっかり時間を管理して、今やるべきことを明確にしていきましょう。

第6話

男の浮気が絶対に許せない女

男が浮気をしても100％男だけが悪いワケじゃない！

人って一度でも浮気をされた経験があると、

「また浮気されるんじゃないか？」

「恋愛するのが怖い」

「傷ついた心から立ち直れない」

と大きなダメージを負ってしまいますよね。


確かに信じていた人に浮気をされたら、怒るし、悲しいし、ショックです。でもこれだけは知っておいて欲しいんだけど、浮気した人が100％悪いかというと……それは違うの。


その〝悪さ〟の比率は、もちろん浮気した張本人が大きいに決まっているけどね。もし、あなたの彼が浮気をしたとしたら、80％は彼が悪いとしても、残りの20％はあなたが悪いのです。

「そんなことないです！　彼が一方的に私を裏切ったんです！」

って、思うかもしれないけど、よく聞いて。


浮気は彼とあなたとの間で起こったことだから、絶対にそこには何かしらの原因があるの。

相手を責め続けたら二人の関係は必ず終わる

怒りや悲しみの感情に任せて相手を責めたり追い詰めたり……もうそれで終わっていい相手なら、気が済むまでとことんやりなさい！　でも、相手が結婚を考えている彼だったり、すでに結婚をしている夫だった場合はもう一度よく考えてみて、自分がみじめになるだけよっ。

男性に浮気されるたびに離婚していたら、バツが何回ついたって同じことの繰り返し。

それにあなたがいつまでも落ち込んだり、泣いてばかりの姿を相手に見せていたら、それは無言で相手を責めているのと同じこと。

相手は激しく罵倒される以上に精神的に追い詰められ、二人は終わりを迎えるしかなくなってしまうの。浮気された直後は無理だと思うけど、気持ちが落ち着いてから、

「何が原因だったの？」

という本題に向かい合ってみることは大切ね。

浮気ってとても傷つくことだけど、二人の関係の〝悪いもの〟を徹底的に取り除いて関係を立て直す良いチャンスなのよ。ちょっと辛い作業だけど、長い結婚生活にはこういうことも必要なの。

実は……私も浮気された経験が……

「かおり先生は結婚して幸せだからそんなことが言えるんです！」

なんていう声も聞こえてきそうですが……。

実は私だって旦那から浮気をされた経験があるからこそ、こうモノが言えるのです。

うちの場合は、旦那のスマホを子供がいじっていたら、

「ママ、大変！　パパが浮気してるよ！」って！

まさかだけど自分の子供が浮気を発見しちゃったの。

うちの旦那が浮気をするなんて考えたこともなかったから、最初は頭の中が真っ白。

細木数子の娘の私だって、動揺したわ。

もちろん傷ついたし、落ち込んだり、悩んだりもしたけど……どんな家庭にだってこんなことはあるんだろうな。それが妻にバレるかバレないかの問題だっていう結論に行きついたの。でも、この結論に行きつくまでは私だっていろいろ考えて辛かったんだから。

「自分に何が足りなかったんだろう?」

身なりや態度で女を捨てていたワケじゃないし、家のこと、育児もちゃんとやっていたから……。旦那に家事を要求したことなんて一切ないし、手伝ってなんて言った覚えもない。

原因がわからなくて、自分には〝女〟としての価値がなくなったようで涙が出てきたけど、あるときふと思ったの。

もっと旦那の気持ちに配慮してあげればよかったのかな……って。

そうなると、大なり小なり旦那が浮気に走った原因は自分にもあるから、許す選択をした方がいいのかな……。

お父さんがいなくなったら子供は悲しむだろうな……。

それに旦那の運気を見てみたら、まさかの大殺界!

大殺界のときって、いつもだったら絶対にしないような間違った判断をしてしまうことがあるの。旦那は元々チャラチャラしたタイプでもないし、まさに気持ちが浮ついただけなのかもしれない……。

毎日のように気持ちは揺れたけど、私は許す決断をして二人の関係を立て直すことを選んだわ。

罰を与えて浮気を許す！

でも、この私がタダで旦那を許すと思います？（笑）

許す条件として旦那のお小遣いから１００万円弱のバッグを買ってもらいました。

本当はもっと高額な宝石を買ってもらいたいぐらいの気持ちだったけど、うちはお小遣い制だからそれじゃあ死ぬまでに払い終わらないじゃない。

まだその浮気事件から10年もたってないけど、いまだに旦那はそのバッグ代をローンで支払っているのよ！　毎月毎月何年にもわたって自分の失態を思い出して反省させるっていう罰を私は与えました。まぁ、それで気が晴れたワケではないけど、罰を与えたことで形式上はチャラ。

もう、そこで私は浮気事件に幕を引きました。

たぶん私が死ぬか記憶喪失にでもならない限り、旦那の浮気で負った心の傷は消えることはないぐらい深く刻まれているけど、

結局、浮気問題は自分との闘いなのかもしれないわね。

だって、旦那が心から反省していても、それをずっとグチグチ責め続けていたら、最終的には自分の方が悪くなってしまうじゃない。

それこそ自分が絶対になりたくない〝嫌な女〟に成り下がってしまうの。

そんなみじめな女になるぐらいだったら、潔く別れた方がマシ！

だから、私は、自分がなりたい自分の生き方を選んだの。

「男の浮気なんていくらでもある！」by細木数子

私って強く見られがちだけど、旦那を許す決断をするまでには、結構時間がかかったのよ。

そんなとき〝ばあば〟が言った一言は、

「男の浮気なんていくらでもあるんだから、踏みとどまって別れない方がいい」

浮気は〝人生の学び〟という考え方なのよ。

その言葉を聞いて深いな、と思う反面、思わず拍子抜けしてしまったの。

だって、相手は細木数子よ。旦那の浮気を知ったら、「そんな男とは別れろ！」って完全に私の味方になって強制的に離婚させられるかも……こう思ったから、自分で決断を下すまでは一つも相談できなかったのに（笑）。

ここまで読んでくださったみなさんは〝よくここまで自分の経験を話せるな〜〟なんて思っているのかもしれませんね。でも、〝ばあば〟が言った通り、浮気なんてどこの家庭でもありうることだから、恥ずかしいことでも何でもないと私は思っているから。

嫌になって別れるのは簡単だし、本気で別れようと思ったらいつだって別れられるでしょ。許した辛さを乗り越える方がその何十倍も難しいの。

でも、私たち夫婦はこの経験を乗り越えて、今では笑い話にするぐらいの関係になれています。

だからとことん悩んで落ち込んだら、「自分はどうしたいの？」と自分の心に問いかけてみて。

こんな私も、旦那が二度目の浮気をしたらもう絶対に許しませんけどね（笑）。

第7話

期待しすぎる女

大きく期待しすぎるから……

「次こそ、終わらない恋がしたい！」「次に付き合う人と絶対に結婚する！」

こんな感じで、まだ出会ってもいない人、まだしてもない恋に勝手に期待している人はいないかしら？　なんでまだ見ぬ人との恋にそんなに期待しちゃうの？

知っている？　人って高いところから落ちたら痛いじゃない？

それと同じで高い期待値から落ちると、心もダメージを受けて相当痛いのよ。

だいたい、期待してそれが現実になったことってあるのかしら？

自分の期待通りに現実を進めるって、大物プロデューサーでもあるまいし、そんな簡単にうまくいくワケないじゃない。

もっと肩の力を抜かないと、幸せも運も、それに男性だって寄ってこないわよ！

いざ出会いの場に出陣すると……

「次こそは!!」って気合十分で出かけるときに限って、落胆しながら家に帰ってくることになるのよ。残念だけど、そういうものなの。

例えば、ここ一番の〝いい男〟とデートに行くとするじゃない。

前日からボディクリームやパック、それに勝負下着まで仕込んで気合は十分よね。

でもね、そういうときってだいたい空振るのよ、あなたが！

〝この男性を絶対にモノにするわ〟

なんて張り切りすぎているると、せっかく二人きりでデートをしているのに、

〝失敗できない〟

って余計なことを言わないようにしたり、緊張して何もしゃべられなくなったり……。

食事をしていても〝キレイに食べなくっちゃ〟とか相手から自分がどう見られているかばかり気になって、全然楽しめないのよ。

その結果、**うまくいかなくて自分に自信がなくなっちゃうのよ。**

〝ああ……こんなはずじゃなかった〟〝なんで失敗しちゃったんだろう〟

って頭は後悔の念ばっかり。だいたい期待しすぎなのよ！

渾身の一球すぎるの！

もっと軽く投げなくっちゃ。自分の期待値の高さに自分で溺れちゃっているのね。

自分の幸せを男に依存しすぎ！

恋愛に期待する人って、〝男性に幸せにしてもらいたい〟と依存しすぎなの。

自分の幸せを他の人に託しても、だれも責任なんて取ってくれないのに。

誰かに自分の未来を任せちゃうから、ひとつの恋が重くなるの。

〝この恋を逃したら結婚するチャンスを逃しちゃうかも〟

ってどんどん自分にプレッシャーをかけているのよ。

大前提として、

「結婚したら絶対に幸せになれる!!」

って思っている人が多すぎるのよね。

確かに一人きりで生きていかずにすむという安心や、経済的にも頼れる相手ができることは心強いわ。でも、それと同時に結婚することで新たな問題も出てくるし、他人同士がケンカしたり意見を言い合ったりいろんな経験をしながら時間をかけて家族になっていくもの。

そんな急に「居心地最高！　不安から一生解放された～」なんて人生ゲームで勝ち抜いた感じにはならないのよ。


人に自分の幸せを託した時点で不安が始まるの。


〝この人はちゃんと私のことを幸せにしてくれるの？〟

っていう気持ちが空回りして相手を信じられなくなっちゃうの。

「大丈夫かな？」「きっと大丈夫よ！」

なんて自問自答しているうちにどんどん自分の感情がコントロールできなくなるのよ。

だからこそ、絶対にそんな大切なものは人に渡しちゃダメ。

自分の幸せは自分で作り出すものなんだから。

妄想しすぎが相手を美化する原因

「この人をモノにできたら私は幸せ」

なんて期待するから相手をどんどん美化しちゃうのよね。

相手との未来、結婚後の自分の生活をお風呂に入りながらや、寝る前とかにニヤニヤと妄想しているうちに、どんどん期待も膨らんじゃうの。

男性に期待なんてするもんじゃないわよ。

特に前の恋愛で心に傷を負っている人って、

「次の人は浮気しない男性に違いない」

「前の男性がハズレだっただけ」

なんて自分に都合良く考えているけど、それも危ないわね。

「男なんて浮気する生き物」

って思っていた方が傷つかずにすむのよ。

だってどんなにラーメンが好きでも、寿司も食べたくなるのが男性というもの。

だから実際に浮気したら「やっぱりな」ですむし、しなかったら「気を付けておいてよかった」って思えるの。

それに今現実になっていない不安は、今の時点で考える必要なんてないのよ。

だって、今から予想していたってその時になってみないとどうにもならないし、あなたのこれまでの人生でどうにもならなかったことって、実はそんなにないんじゃない？

不安も期待も手放せたときに、ふと幸せって訪れるものよ。

人が恋に落ちるのは無意識の瞬間！

気合が入っているときに不自然になるのと逆に、

あなたの魅力が最大限出ているときって無意識の瞬間なの。


結婚や付き合う決め手は？　なんて質問を男性にすると、

「大きな口をあけて笑っているところに惹かれた」

「おいしそうにご飯を食べている姿をこれからも見ていたいと思ったから」

なんてよく言うじゃない。あれってカッコつけたセリフじゃなくて、本心なの。

クールな女性に見せたくて、どんなに髪の毛をかき上げていい女を演出したり、腕を胸元でクロスしてセクシーに見せたって、そんなもの誰も見ていないのよ！

だって〝いい女〟とか〝できる女〟とか、自分に貼って欲しいラベルなんて自分で選べないの。人が勝手に貼るんだから、そんな〝相手にどう思われるか〟なんてコントロール不可能ね。

構えず自然体でいるあなたを〝いいな〟って思ってくれる人こそが、友達でも恋人でもあなたの近くにずっといてくれる人になるんだから。

第8話

なぜか彼氏ができない女

言うと男に捨てられる、あのセリフ

みなさんの周りには、美人なのに、なぜかずっと彼氏がいない女性っていませんか？

モテそうなのに男性が積極的に狙わない女性っているでしょ。

私はずっとそのことを不思議に思っていたんだけど、最近その謎がやっと解けたのよ！


よくデート中、こんな会話にならない？

「お腹空いたね、何食べる？」

「なんでもいい」

「じゃあ、和食とイタリアンどっちがいい？」

「どっちでもいい」

私はこれがいい！

私はこれが欲しい！

って前のめりすぎるタイプも困りモノだけど、こういう全部相手にお任せっていうのもどうかと思っちゃうのよね。

和食とイタリアンの二択まで相手が絞ってくれているんだから、せめてどちらかは選んで欲しいわよね。

「どっちでもいい」って、実は男性が一番嫌うセリフだって知っているかしら？

「俺に任せて！」

なんて熱くリードしてくれる男性が少なくなっている今、「どっちでもいい」なんて言われると男性だって困っちゃうのよね。

一緒に何かをやろうとしているのに、あなたに参加する気も関心もなく思えちゃうから、一緒にいても楽しくないのよ。

本心はどっちでも良くないでしょ！

「どっちでもいい」なんて冷めたセリフを言っちゃう人に限って、実はどっちでも良くない場合が多いから、タチが悪いのよね。

だって本当に本心からどっちでもいいって思っているの？

「あなたと一緒に食事ができるなら、何を食べても嬉しいの♡」

こういう気持ちからの「どっちでもいい」なら、男性だってウエルカム！

だけど、こじらせている女性に限って、

「イタリアンが食べたいって言ったら気を遣わせちゃうから」

なんて〝彼のために〟みたいな言い方をして、それで彼がファミレスに行こうとすると「えっ！」

なんて急に機嫌が悪くなったりするじゃない。

男性が嫌いなのはそういうところ！

プレゼントでも「あなたから貰えるものなら何でもいい」とか言うクセに、いざ彼から１００円ショップのものとかセンスの悪いものを貰うと、露骨に嫌な顔をするでしょ。


男性はあなたたちが思っているよりもずっと純粋。女性の言葉をそのまま受け取っちゃうのよ。

言われたとおりにやったのに女性が機嫌悪くなるなんて、私がその男性の立場だったら「面倒くさい！」ってブチ切れるわよ。

男が求めている本音トーク

女性の言葉を素直に受け取る男性は、「何食べたい？」って聞いて「焼き肉！」とハッキリ言われたら、頑張っておいしい焼き肉屋を探すものなの。

いざ一緒に焼き肉屋に行って「おいしい〜」って喜んでくれたら、彼女をもっと喜ばせたくてもっと頑張るようになるの。

プレゼントだって「華奢なアクセサリーがいい」とちゃんと伝えてくれたら、自分の予算内でちゃんと彼女が喜ぶものを選ぶのに！

それなのに見当違いの気遣いや変な遠慮をするからどんどんややこしくなっちゃうの。

恋愛の先の結婚を見据えたとき、「何食べたい？」くらい答えられないと〝全部俺が決めるのか……〟って男性も面倒になっちゃうのよ。

結婚って本当にたくさんの決めごとがあるの。

二人で一緒に答えを出さなくっちゃいけないことが山のようにあるのよ。

その答えを全部彼に任せていたら、なんであなたと一緒にいるのか彼もわからなくなっちゃうじゃない。良い子ぶって「なんでもいい」なんて答えていたら、この先危険よ。

顔よりも大切なのは心！

そして、もっと問題なのは……本当に意見のない人！

本当に何でもよくて「どっちでもいい」と言っちゃうような熱量の低さって、男性は苦手なのよね。

すべてに対して相手任せで受動的。自分の意見を持たず、リスクも冒さない代わりに、どんなに美人だとしても世の男性から気が付いてもらえないの。

女性でも男性でも、当たり障りのない人には魅力を感じないものなの。恋愛じゃなくても、人としてつい惹きつけられちゃうのは、〝無難じゃない何か〟を感じているから。

見せびらかすには美人がいいけど、やっぱりコミュニケーションが取れないと一緒にいても飽きちゃうのよね。

男性がずっと一緒にいたいのは、コミュニケーションが取れる女性なのよ。

男性が寄り付かないモテない女性って、どんなに美人だとしてもコミュニケーションが下手なのよ。だって心が通わなければ、何も始まらないじゃない。

コミュニケーション下手だと、結婚してからトークレスになる可能性が高いの。知ってる？　トークレスってセックスレスよりも夫婦関係では深刻なのよ。

幸せは自分で摑みにいくもの

多少性格に難アリでも、自分をさらけ出して自分の意思がある人は、やっぱり魅力があるもの。幸せは自分で摑みにいかないと手に入らない今の時代、「なんでもいい」「どっちでもいい」なんて言ってたら、誰もあなたのことを気にかけてくれないわよ。

人にＮＯと言ったり、自分の意見を言うのって怖いときもあるわよね。

私だって同じよ！　でも、少しずつ自分の意見を伝えて「嫌だって伝えても大丈夫」という経験を繰り返すほど、意見を言う大切さに気付けるの。何が好きで、何が欲しいのか。素直な意思表示、そしてそれを伝えるコミュニケーションを続けていれば、あなたっていう存在がキラキラ輝き出すのよ。

そのキラキラを男性が見つけてくれる日も近いわね。

第9話

「私って、意外と○○」な女

「私って、意外と○○なんです！」

合コンとか飲み会とか、初対面の男性がいる場で、女性のこんなセリフを聞くことはありませんか？

「私って、意外と◯◯なんです」

私ね、このセリフを聞くとニヤニヤしちゃうのよ。

「私、こう見えても意外とよく食べるんです！」

「私、こう見えても意外とお酒強いんです！」

「私、こう見えても意外と年上なんです！」

もうね、自分は〝こう見られたい〟っていう欲求の塊よね。


このセリフを聞いて、男性がどう思っているか知っているのかしら？

世の男性の気持ちを代弁して私が言ってあげるわよ。〝自分でそれ言っちゃう？（笑）〟って！

だって「意外とよく食べるんです」なんて、〝私はこんなにスタイルが良いのによく食べるんです〟っていう意を含んでいるのよね。

「意外とお酒が強いんです」「意外と年上なんです」って、自分のことを〝か弱い〟とか、〝若い〟とか必死でアピールしているのと同じなのよ。

でも残念ながら、あなたが思っているのとは逆に、あなたはお酒をガンガン飲みそうに見えるし、どんなに若作りしていても年相応に見えているのよ。

自分の評価なんて人が決めるんだから、絶対に自分でアピールしちゃダメなのよ！

人からの見え方を気にしすぎる罠

みんな人から〝どう思われているか〟を気にしすぎなのよ。

人からどう思われるかを必死にコントロールしようとするからおかしくなるの。

それより大切なのは『自分がどうなりたいか』。

だって、人から〝どう思われているか〟を気にしている時点で心のベクトルは外に向いているじゃない。本来向けるべきは自分！

人の目を気にしている人って、簡単に人の意見に大きく左右されちゃうの。

本当はAがいいんだけど、みんながBがいいって言うから……。

こんな感じで本来の自分の道から逸れるから人生の迷子になっちゃうの。

人の意見や視線の方が大事になると、

〝あれ？　私は何がしたいんだっけ〟というように、本当の自分を見失っちゃうのよ。

人って不思議と自分の好きなこと、
やりたいことをやっているときに一番その人の魅力が出るの。

せっかくの魅力に蓋をしている状態で「モテたいんです」なんて言うのは、矛盾しているじゃない。

それじゃあどんなに努力してもモテからは遠ざかって当たり前よね。

ラクに楽しく生きる秘訣！

人の視線や意見ばかりを気にして生きているのって、疲れない？

私も〝ばあば〟も、人からどう思われているか気にしていたら、とてもじゃないけど一歩も外なんて出られないわよ（笑）。

どんなに嫌われたくないと思って発言や態度に気を付けたって、嫌われる人には嫌われるし、好かれる人には好かれるもの。

だから自分のやりたいこと、信じることをやっていればいいのよ。


そして、今無理してやっていることがあったら一度全部やめてみたら？


気の進まない食事会や飲み会、なんとなく断れないでいる女子会なんて、お金も時間も体力も気力も無駄になるだけ。

ただなんとなく断れなくて……なんて言って消耗しているうちに、あなたの魅力がどんどん薄くなるわよ。

何があろうと大切なのは自分なの！

今まで消耗していた時間で自分の好きなことをして、あなたの魅力を充電しなくっちゃ。

第10話

〝高嶺の花〟と言われる女

〝高嶺の花〟が幸せになれない理由

美人で、スタイルもよく、仕事ができる人なのに、なぜか幸せそうに見えない人はいない？

世間では〝高嶺の花〟と呼ばれているけど、そういう人に限ってなかなか幸せを摑めないパターンって結構あるの。実はそういう女性からたくさん悩みを打ち明けられています。

つい先日も、

「かおり先生、どうして私は結婚できないのでしょうか？」

と40歳を過ぎたとても美人な女性から相談を受けました。私はその女性の言動から、その方がなぜ結婚できないのかを見抜いてしまったので、そのままストレートに伝えたわっ。


「あなたは男を見下しているから結婚できないのです！」と。

高すぎるところに咲いて誰も摘みに来ない〝高嶺の花〟

美人でスタイルが良かったら、若いときは男性からチヤホヤ。自分から何もしなくてもモテるから、男性は選びたい放題。でも、人間というものは誰しも平等に年を取るのです。

〝高嶺の花〟の女性も、容姿が人並みの女性も同じように年を取るからそこは安心して。

人って年を重ねるとともに『心』も成長していくものだけど、若いときに極端にチヤホヤされた女性ってプライドだけが高くなっちゃって、男性を見下していることが多いの！

もうね、こうなっちゃったら最低最悪。

それなのに「どうして私よりブスな人が結婚できるんですか？」
なんて言い出すんだから。

どんな〝高嶺の花〟も高すぎるところに花を咲かせていたら、誰も摘みに来てくれないのに。

誰にも摘まれない花の末路は、誰にも気付かれずにひっそりと枯れるだけ。

枯れた女の人生なんて絶対に嫌じゃない！

「男なんてチョロい」「男なんて私の言いなり」

みたいに勘違いしたまま年を取っちゃうと、もう本当に寂しい人生しか待ってないのに……。

どんな男性だって、そんな女性には近寄らないわよね。だって、若くて素直な女性が近くにいたら、危険を冒してまで今にも枯れそうな〝高嶺の花〟に手を出す必要なんてないんだから。


「女の幸せ、男次第。男の出世、女次第」


この言葉は〝ばあば〟がよく言っていた言葉なのですが、どちらか一方だけでは男性も女性も幸せになれない、だからこそ男女が一体となって初めて幸せを掴むことができるという意味なの。

それなのに今の女性は、「幸せな結婚＝ハイスペック男性を手に入れること」なんて思っている人が多いのよ。でもそれじゃあ絶対に幸せになんてなれないんだから。

みなさんが「ハイスペック男性」に期待する代表的なものといえば〝お金〟よね。

だからこそ、良い会社に勤めているのか？　実家はお金持ちなのか？　年収はどのぐらい？

などを気にするのよね。

たとえ今の彼氏が「ハイスペック」だとしても、そのスペックが結婚してから老後まで続くなんて、終身雇用がなくなりつつあるこの時代ではおとぎ話みたいなものなのよ。

一流企業でもリストラされたり、左遷や出向なんてザラ。

これだけ副業がうたわれるようになっているんだから、世の荒波を渡っていないおぼっちゃま系の「ハイスペック男性」は、ちょっと大丈夫かしら？

特に顔やスタイルなどの外見だけが美しい女性とハイスペック男性との結婚なんて、〝今〟の利害関係が一致しているだけ。容姿の美しさは必ず劣化するし、「ハイスペック」が良くて結婚したのに会社をクビになったらそのスペックは一瞬で急降下。

それでもお互いに愛しているなんて言えるのか疑問じゃない？

今までいろんな方の人生を見てきたけど、

男性はどんな女性を摑むかによって出世の仕方が決まるの！

そんなに〝お金〟にこだわるなら、あなたが今の彼を「ハイスペック」に育てるのが一番効率の良い方法だと思わない？

男のスペックを上げるには○○を持たせること！

婚活で頑張って「ハイスペック」な男性を摑まえても、その男性からの愛情をキープし続けたり、あなたもその「スペック」にふさわしい女性であろうとするのって、自分に鞭を打ち続けるしかないの。きっと毎日ヘロヘロになるわよっ。

お金があってもそれってあなたが描いた幸せの姿なの？

だったら、今の彼氏の「スペック」を上げてあげる方がよっぽどコスパがいいんじゃない。

もしくは今から信頼できて誠実な男性を見つけて「スペック」を引き上げてあげるっていう方法もアリ！

こんなことを言うと〝スペックを上げるって大変そう〟なんて思われるかもしれないけど、先ほどの言葉を思い出して！

「男の出世、女次第」なのです。

男性っていろんなものを背負って厳しい社会で必死に戦っているんだから、そんなとき絶対的な武器になるのは『自信』なの。

男性って単純だから、あなたが疲れて帰ってきた旦那さんに『自信』を与えることができたら、外に出ても頑張れるし、それに、いつも自分に『自信』をくれるあなたを絶対に裏切れないわ。

いい？　ここからが大切！

男性に『自信』を持たせる一番簡単な方法は何だと思う？

それは『褒める』こと。

「今日もお仕事頑張ったね」「えっ、そんなすごい仕事しているんだ」いつもの会話でこんな感じに旦那さんを肯定してあげたら、もっと褒められたくて必死になって頑張るものなのよ。

なんで男性がキャバクラやクラブに行くかわかる？　それは褒められたいから！

「自分は特別だ」「こう言ってもらって嬉しい」という優越感を得たいから、高いお金を払って通っちゃうのよ。ただお酒が飲みたいだけなら、安く済む居酒屋で充分でしょ。

男性が幸せなら、自動的にあなたも幸せ！

では次は「女の幸せ、男次第」の部分です。男性が仕事を頑張って出世したら、自動的にあなたにも幸せが舞い降りてくるわ。だって、出世＝収入が増える。それだけでも〝幸せ〟の要素は確実に増えるでしょ。

ほら「天に向かって唾を吐く」っていう言葉がありますよね。上を向いて唾を吐いたら自分に返ってくるのと同じで、やったことは自分に返ってくるの。

男女は『役割』も『性質』も違うのに、競い合ったり、見下すなんてバカげた話。

「うちの旦那なかなか出世しないの」。このような会話をママ友としている女性がいるけど、それは〝私は至らない妻です〟と宣伝しているのと同じなのよ！

〝枯れた花〟なんて陰口たたかれる前に、まずあなたから先に男性を敬い、褒めて肯定してあげましょう。それができればあなたに、どっと幸せが舞い込んでくるわね。

第11話

かまってちゃんな女

かまってちゃんのお決まりのセリフ

彼氏や旦那さんとケンカをしたとき、

「もう、知らない！」

なんて言ってしまう人はいない？　実はこのセリフ、知らないうちに女性が発してしまいやすいセリフなの。

この「もう、知らない！」というセリフを言って、彼氏や旦那さんとの関係がうまくいっている人はどのぐらいいるのでしょうか？　これは結構少ないと思いますよ。

だってこのセリフは男女間では絶対に言ってはいけない言葉だから！

女性側の意見としては、この言葉がつい出てしまう状況は、「もっと話を聞いて欲しいとき」「もっと自分を理解して欲しいとき」。

でもね、男と女では男性の方がとっても素直なの。

だから、その言葉通りに女性を放置してしまうのよ。

構って欲しいときに放置された女性って、決まってふてくされたり、露骨に機嫌が悪くなるのよね。そういう態度を見た男性がどう思うか知っている？

〝女って面倒くさい〟って思ってるわよ。

察して欲しい女性 vs. 素直な男性

女性ってストレートに言葉にするのが苦手で、何か言った後は、

〝私は今こんなことを思っています。だから、こんな私を察してね〟

という含みを男性に無言で訴えているのよね。

でも、世の男性があなたたちのそんな気持ちまで察することができると思う？

じゃあ問題の「もう、知らない！」という言葉。

その言葉を発した女性、受け取った男性で、その捉え方の違いを見てみましょう。

女性：「もう、知らない！」
（ちょっと、ここで私を怒らせるなんてどうなってもいいの？　早くあなたから謝ってよ）
男性：「わかったよ」（はい、じゃあ放っておきます）
女性：無言（ちょっと、もっと優しくして欲しいだけなのになんで構ってくれないの？）
男性：無言（知らないって言ったくせに、また機嫌が悪くなった。面倒くさい……）

このぐらい「知らない！」と発せられた後では、男女間の温度差があるのよ！

女性としては相手に優しくして欲しいだけ。

でも、男性としては彼女が会話のシャッターをガラガラと下ろしちゃったから何もできない状

態……。

しかも、露骨に不機嫌になる自分の彼女や妻の扱い方がわからず、ただ面倒なだけ。

こんなことを繰り返してたら、どんどん自分の価値が下がっていくだけよ。

リクエストは素直に言葉にする

男と女ってメカニズムが全く違うのよ。

もうね、別の生き物って思ってもいいぐらい違うの。

だからあなたが思っている〝察して〟〝理解して〟なんて、心で念じているだけじゃ絶対に無理。

こればっかりは50年寄り添った夫婦でもわからないと思うわ。

だから、して欲しいことはちゃんと口に出して言わないと絶対に伝わらないの。

そう考えたら、

「もう、知らない！」

っていう言葉って、相当自分勝手な言葉だと思わない？

だって、自分の気持ちを表現しないくせに、相手にはそれを汲み取って！　っていうリクエストよ。そんな上からのお願いが通るはずないじゃない。


人と人のコミュニケーションでは、先にさじを投げた方が負けなの。

一方的に会話を終わりにして、相手とわかり合おうとすることをやめてしまうっていう最悪のコミュニケーションの断絶よ。

それを象徴するのが「もう、知らない！」っていう言葉なの。

それで二人の会話が終わったのに、〝彼が全然わかってくれない〟って、あなたが理解してもらうことを終了させたのよ！

その場の勢いで口から出た言葉が、どれだけ言ってはいけない言葉ということがわかってもらえたかしら？

相手に変わって欲しいなら、ハッキリと求めること

やっぱりね、人に変わってもらいたいことがあるなら、まずあなたから変わらないと。

まずあなたがちゃんと自分のして欲しいことを口にしたら、男性はちゃんと対応してくれるはずよ。だって、あなたが「知らない」って言ったから、放置されただけじゃない。

自分が何もせずに無言で相手への怒りを露にしていたら、あなたの良さにだって気付かれずに二人の関係も終わってしまうわ。

それに無意味に気まずい時間を過ごすなんて、何も残らないじゃない。

怒りの感情に流される前に、もっと自分のことを知らなくっちゃ。

きっと気が付かないうちにも、こういうすれ違いって多いんじゃないかしら？

自分の誕生日にもらった彼からのプレゼントのセンスにガッカリしたり、ＬＩＮＥの返事が

遅いことにイライラしたり。

あなたが一方的に怒ったり落ち込んでいることを彼は知らないだけなのよ！

「こうして欲しい」

「これがしたい」

ってリクエストを伝えたのに彼が忘れていたり、聞いてくれなかったりしたら初めて怒っていいの。それをせずに怒っていたら、あなたは本当に面倒な女性に成り下がっちゃうわよ。

モテる女性はみんな素直

モテる女性って自分がしたいこと、望んでいること、やってもらいたいこと、それを全部サラッと可愛く口にできるのよ。

そして男性がそのリクエストを叶えてくれたら、ちゃんと「ありがとう♡」って言えるの。

世のモテる女性たちがやっていることって、本当にそれだけ。

こんなに単純なことなのに男性から愛されて大切にしてもらえるの！

人と人って複雑に思えるけど、複雑にしているのは自分自身。

とっても簡単で単純だからこそ、変に計算するんじゃなくて素直さが必要なの。

変なプライドや思い込みを捨てて、素直に人と接した人から幸せを掴んでいくものよ。

心を開くのも閉ざすのも自分自身。あなたは本当はどうしたいのかしら？

第12話

欲深い女

ハイスペ婚を追い求める女！

前にも話しましたがハイスペックな男性との結婚を夢見て、収入、学歴、身長……とにかくレベルの高い男性ばかりを追い求める女性が本当に多いですよね。

そういう女性って、いざ男性と付き合っても、より高いスペックの男性に目移りして乗り換えたり、本当に欲深いのよねっ。

なぜだか自分には白馬に乗った王子がやってきてくれると本気で思っているんだから「自信」があるんだろうけど、私から言わせてもらえば少しは「謙虚さ」が欲しいところよね。だって、どこまでも上を求めるその心って虚栄心の塊じゃない。謙虚さの「け」の字もないわっ。

そういう人に限って、

「クラスで冴えなかったのに、なんであんないい男摑まえたの？」

「私よりスタイル悪いのにエリートな旦那の海外赴任についていくなんて」

こんな感じで、10年後ボヤいている姿が目に浮かぶのよね。

まるで回転寿司でトロやウニが目の前のレーンを通るのを態度デカく待ち構えているみたいに感じるわ。でも、気が付いたときにはあなたが逆に回転寿司のレーンに乗せられていて、カピカピになったお寿司には誰も手を伸ばさない状態になっちゃうんじゃない？

女性って誰でも平等に年を取るのだから、時間は残酷なものよ。

欲深いっていうことは、それだけ大きな落とし穴があるの。人生の落とし穴に落ちてしまうとなかなか這い上がって来られないんだから。

ハイスペ婚に向いている人

猫も杓子も「ハイスペ婚」に憧れているみたいだけど、お金持ちとの結婚に向いている人なんてほとんどいないと思うけどねっ。じゃあ、年収3000万円の仕事のできる男性と結婚するとします。でも結婚してからが本当に大変なのよ！

まず年収3000万円も稼ぎ出すんだったら、出張で海外なんてザラ。付き合い始めは夜景のきれいなレストランに連れて行ってもらえたかもしれないけど、結婚したら広い家に一人で留守番は確実ね。たとえ一緒に海外出張に連れて行ってもらえたとしても、仕事の食事会に同席した際に必要な語学力は備わっているの？

海外の人から見た日本人なんて、お茶もお華もできると思われているものだけど、その教養はあるの？

大前提ですが、あなたは年収3000万円の男性のパートナーに相応しい女性なんですか？

それに子供が生まれたって、確実にワンオペで育児も決定！

〝旦那さんと一緒に子育てをするのが夢なんです〟なんて、甘いことは言えないの。

だって仕事で忙しく世界中を飛び回ってお金を稼ぐ男性が、一緒に子育てなんて絶対に無理！

私にはハイスペ婚をして今も幸せに暮らしている知り合いがいるけど、

その人は旦那が海外にいようと、女遊びをして外泊しようと、どっしりと構えていられるタイプ。


旦那が稼ぎ出す莫大な経済力で贅沢な暮らしが送れることに感謝して満足できているの。だから〝寂しい〟〝かまって〟なんて絶対に口にしない！

あなたもそれができる自信があるなら、ハイスペを追い求める資格があるのよ。

お金持ちの大半はドケチ!!

あっ、大切なことを言うのを忘れてたわ。

世の女性はお金持ちに憧れているみたいだけど、お金持ちっていうのはドケチな人の方が多いと思う。これだけはハッキリと言い切れるぐらいみんなそうなの！

だから、お金持ちと結婚したら何でも買ってもらえるなんて思っていたら大間違い。

うちの〝ばあば〟もお金はたくさん持っているけど、犬がじゃれてパジャマに穴を開けたら、縫ってまた着ているぐらいなんだから。

それに我が家のバスマットは、古いバスタオルを三つ折りにして縫ったものなの！

古いタオルは当たり前のように雑巾にもするから、最後の最後まで無駄になんてしないの。

お金持ちってね、物を大切にする精神が強いからお金を残せるの。

だから男性の財産や収入ばかりに惑わされていると、後からガッカリする結果になるわよ。


そうそう、お金持ちの良いところをひとつ言えば、プレゼントにお金がかからないところ！

私が〝ばあば〟にいつもプレゼントをしていたのも、古いタオルを三つ折りにして縫ったバスマットだったなぁ。

〝ばあば〟は物を捨てることが嫌いだから、何でも再利用したがるんだけど自分でやるのは面倒なわけ。だから私が縫ってプレゼントするとすごく喜んでくれて。

あとは、みそ汁の出汁を取った後のカツオ節を取っておいて、つくだ煮にしたりね。

お金持ちって、お金はあるから〝手間〟をかけたものに対してすごく価値を感じるの。

あなたにそんなことをこなす自信はある？

その覚悟があるならハイスペ婚を目指すといいわ。

物事のメリット・デメリット

すべてに表と裏があるように、メリットとデメリットが存在するの。

ハイスペ婚にもお金があるというメリットと、その裏の苦労というデメリットが。

それでも「やっぱりお金が大切」と思うなら、あなたの第一優先事項はお金なんだから突っ走って欲しいわね。

みんなＳＮＳで〝良い側面〟しか載せないのに、それを真に受けちゃう人が多いのよね。

でも世の中、そんなに良いことばっかりじゃない！

すべてのことに対してメリットとデメリットの両方を見る目を養って欲しいわね。

そうすれば、変に騙されたり、おいしい話に飛びつくこともなくなると思うわ。


どんなに年を重ねて大人になったとしても、人って「お金」に弱いのよ。

ちょっとおいしいことを言われて目がくらんじゃう人がとっても多いの。

だから、特にお金に関してはシビアに考えておいた方が結婚も人生も失敗しないわ。

ドラマの世界より、今の幸せに目を向けて

ドラマとかマンガの世界を夢見て大きなものを追いかけてしまうと、人って目の前の大切なものを見失っちゃうのよね。

些細な喜びとか小さな幸せをスルーしているようじゃ、大きなモノなんて摑めないのに。


幸せって必要になったとき必死に探すものじゃなくて、見つけるもの。

それこそが幸せに生きるヒントだと思うわ。

第13話

やみくもに告白する女

どんなに好きでも告白は計画的に！

「会社の憧れの先輩に告白したらフラれちゃいました」

「男友達に告白したら、友達にしか見られないと言われました」

せっかく勇気を出して自分の気持ちを伝えても、フラれてしまうこともあるわよね。

でも、それはあなたのことが嫌いでフっているわけではない場合も多いって知ってる？

六星占術では、星人別に適したアプローチ方法があるのです。

これね、ビックリするほど効果があって、今までこの方法でたくさんの人たちが結婚しているんです。お相手の生年月日さえわかれば、ベストなアプローチ方法がわかるので、ぜひ試してみて！

火星人へのアプローチ方法

まずお相手の方が火星人の場合。ミステリアスな雰囲気が多いのが火星人の特徴。

とにかくプライドが高く、人見知りもするので、自分から異性に話しかけるなんていうことは大の苦手！　ましてや自分から告白をするようなタイプではありません。だからこそ日頃からオープンに話しかけたり、自分から積極的にアプローチをしないと恋が始まらない。そんな火星人と結婚までこぎつけるのは至難の業ね。でも、結婚後は家庭そのものが幸せの本拠地になるわ。

束縛を嫌い、自由を好む傾向が強いので、自分の興味がある趣味や仕事、友達との付き合いを優先しがち！　興味のないデートが大の苦手だから、趣味や興味の事前リサーチはマストね。

火星人って男女ともにスキンシップが大好き♡　火星人・陽（＋）の人はノーマルだけど、火星人・陰（－）の人は精力絶大！　男女ともに朝から晩までHを求めていると言っても過言じゃないわ。だからさりげないスキンシップは効果的！

水星人へのアプローチ方法

水星人は他の星の人たちに比べて、大のH好き♡

そもそもHを単なる遊びの一つと思っているのよね。

つまり「Hした相手と付き合う」「Hした相手と結婚する」なんていう考え方は、残念ながら持ち合わせていないの。

だから、はじめは結婚や付き合うことを前提にアプローチするのではなく、遊び友達として接するのがベター。それを続けながら、相手の気持ちが自分に傾くのを待って話を進めてみて！

告白するときにちょっぴりセクシーなファッションで行くと、彼の気持ちを摑みやすいかも。

水星人にとって一番の弱点と言えば、「家庭運」に恵まれていないこと。結婚に対して明るい希望を持てなかったり、家族の問題を抱えている人が多いの。

でも、将来は温かい家庭を築くことが望みだから、家庭的な部分をアピールすると効果的！

木星人へのアプローチ方法

男女ともにとてもモテる木星人。

華があるわけではないのになぜか人を惹きつける魅力があります。

恋愛に対してはかなり慎重に構えているので、チャラい告白は全く受け付けてもらえません！　もちろんHをその場の雰囲気だけで遊び感覚で楽しむなんていうことも皆無。軽々しく誘いに応じることもないので、身持ちの堅い女として接した方が恋人候補に入れてもらいやすいわ。

恋愛の先に結婚を見据えている人も多いから、〝この人〟と決めた人には自分から積極的にアプローチをする傾向があるの。女性側からアプローチは絶対にしちゃダメよ。

自分の堅実さをアピールして、彼から告白してもらうのを待つのも賢い選択ね。

結婚したら「家庭第一主義」の旦那様になってくれて、浮気に走ることもなさそう！　その代わり、あなたが家庭を顧みなくなったときはブチ切れる可能性も。木星人との結婚を考えているなら、あなたも家庭を大切にすると一生大切にしてもらえます。

金星人へのアプローチ方法

出ました金星人！　もうね、金星人は恋愛のプロセスは一切興味なし！　ストレートにセックスの快楽を求め、一人の人と長く付き合うより、いろんな人とのアバンチュールを楽しみたい気持ちが強いの。

そんな金星人だからお付き合いをする前にも、出会ったその日にHをしてしまうなんていうことはザラ！　異性への好奇心が強く、昔ながらの貞操観念に囚われることもないので、三角関係、不倫関係も迷うことがありません。

金星人へのアプローチで絶対に口にしてはいけない言葉があるの。

それは「結婚」。

あなたがその言葉を口にしたとたん、一気に相手の気持ちが冷めてしまうわ！

あとは執着や嫉妬心も相手の気持ちを冷めさせるカギだから要注意。

年齢が近い人よりも、人生経験が豊富で精神的に大人の異性を好む傾向があります。でも、セックスだけと割り切って仲良くなってしまう場合もあるので、時間をかけて慎重に相手を観察することがオススメです。

土星人へのアプローチ方法

六星の中で一番わかりにくいのが土星人。

名誉やプライドを大切にしているので、恋愛相手にも自分にとってプラスになるような尊敬できる人を選ぶ傾向があるの。

デートは話題のスポットに出かけるよりも、お互いの家でゆっくり過ごす方が好きなタイプ。

毎週アクティブなデートに誘うより、手料理をふるまうようなデートを考えてみて。

自分の気持ちをストレートに人に伝えることが苦手なタイプなので、心の距離を縮めるのにちょっと時間がかかるかもしれません。

不倫や略奪愛、二股などが大嫌い！

危なっかしい恋愛には一切興味がなく毛嫌いされてしまうので要注意。

あと土星人は、デートに遅れてきたり、ＬＩＮＥやメールの返信が遅いとイライラしてしまうの！　マメに返事をしたり、時間には正確でいること。そして待ち合わせ時にはわかりやすい場所を選ぶなど、細かい気配りをしてあげると受け入れてもらえそう。

とにかく土星人をイライラさせてしまっては、恋の可能性が消えてしまいます。

天王星人へのアプローチ方法

恋多き人生を歩んでいる天王星人。

たくさんの相手からアプローチを受けることも多く、とてもモテて恋愛に不自由はしていないはず。でも、何かにつけてルーズなところがあり、一人の人とじっくり付き合うのが苦手！

特定の人がいても、別の異性に誘われるとついつい行ってしまうのよね。

二股をかけても罪の意識を感じていないから、天王星人を好きになっちゃうと大変よね。

デートで遅刻をしたり、ドタキャンも珍しくありません。

本人には全く悪気がないので、計画的でタイトなスケジュールのデートは向きません。

好奇心が強く快楽を求めてアブノーマルなＨをしたがる可能性もあるから、覚悟のうえでお付き合いを（笑）。でも、結婚後は家族を大切にしてくれるので結婚相手としては申し分ないわね。

どうかしら？　相手へのアプローチ方法はしっかりチェックできたかしら？　ポイントを押さえるだけでもぐっと恋が叶う確率が上がるから、ぜひ試してみてくださいね。

第14話

男のスマホを見る女

男のスマホはパンドラの箱

「もしかしたら浮気してるかも？」「なんだか女の影を感じる……」

こんな気持ちから、つい〝一度だけ〟なんて好奇心でスマホを見てしまったら、もう最後。

それから習慣のように彼のスマホが見たくて仕方ない衝動に駆られるのよ！

じゃあ、男性のスマホを見ちゃった人に聞きたいんだけど、スマホを見て楽しい気持ちになった人っているかしら？

だって、男性のスマホはパンドラの箱。

開けてしまったら、不安、災い、不幸、嫉妬、苦労、後悔……

そんな負の感情がドッとあふれ出す、絶対に開けてはいけない箱と一緒なの。

見てしまった瞬間からパニックが始まり、長い時間傷つき悲しい思いをするんだから、自殺行為そのものなのよ。

男のスマホを見て苦しむのは女

第6話にも書いたけど、私も旦那のスマホを見て、苦しんだ過去があるの。

でも私の場合は、偶然にも子供が旦那のスマホをいじっていたときに旦那の浮気を発見してしまって……自分の経験から言っても、やっぱり旦那のスマホなんて見るもんじゃない！

スマホには旦那の浮気の痕跡がそのまま残っていて、実際にそのやり取りを目にすると相当なダメージを受けるわね……。

私は19歳で結婚してから、旦那のことをずっと信じ切っていたから「まさか！」という感じ。〝知らなかったら幸せだったのに……〟何度この言葉が浮かんだことかしら。旦那にとっては反省して謝ればこの件は終わるけど、裏切られた側の人間は、その記憶がある限り一生その裏切りと闘っていかなきゃいけないの。

男のスマホに女の幸せなんてまったく詰まってない！
スマホを見て傷ついて苦しむのは自分なんだから。

「自分の何がいけなかったんだろう……」
「もう私は女として見られていないのかもしれない……」

男性に浮気をされると、女性って自分を責めちゃうのよね。だから安易な気持ちで絶対に男のスマホなんて見るもんじゃないわね。それにしても、もしあのとき旦那の浮気が発覚してなかったら今頃どうなっていたのかしら？旦那はもっと深みにハマっていたかもしれないし、私は何も知らずに彼をもっと追い詰めていたのかもしれない。

今となっては丸く収まった感があるけど、結局のところ何が正解だったかなんて一生かけてもわからないことなのかもしれないわね。

そもそも、その男と一緒にいる必要ある？

でも彼のスマホを見るって、彼が疑わしいとか、彼が信頼できないってことでしょ。

それなのに、その不安な気持ちを彼に直接打ち明けずにスマホを見て確かめたくなるようなら、二人の関係をまず疑わないと！

一緒にいてあなたが不安になる男性と付き合う必要ってある？

彼のスマホを見たことのある多くの女性って、自分が知りたくない事実を見つけて落ち込むのよね。

自分がスマホを見て情報を握ったことを隠しながら「最近なんかあった？」「なんだか女性の影を感じる」なんて、〝女の勘〟みたいな感じで男性をジリジリ追い込むんだから！

なんなの？　その霊能者みたいな〝私は知っているのよ〟っていう陰湿な脅しは（笑）。

だいたい〝彼のスマホを見たい〟と思うのって、二人の関係がうまく行っていないサインなの。

彼の行動を疑わしく思うようなことがあったり、別れた方がいいのかな？　って思う〝何か〟を心の奥底で察知している証拠。頭では認めたくないけど、自分の心は自分には嘘をつけないのよ。

だって、心から彼を信頼していて幸せなら、見る必要なんてどこにもないじゃない。

まず付き合っている段階で〝彼のスマホを見たい〟と思うなら、その男性との結婚なんてやめた方がいいわね。

コソコソ確かめないと信頼できない人とどうやって家庭を築いていくのよ？　結婚なんてただ

好きなだけじゃなくて、信頼、尊敬の気持ちがないとやっていけないのよ。

彼が寝ているときやお風呂に入っているときにスマホを盗み見て真相を確かめるなんて、もう関係が破綻している証拠ね。

男のスマホに詰まっている本当のこと

あとね、これは絶対に知ってもらいたいことなんだけど、

彼のスマホを見てしまうとますますその男性が信じられなくなるのよ。

だから付き合っている段階でスマホを見て別れる確率が高いのは、そのせいよ。

例えば、彼のスマホの中に浮気の「黒」判定を下すしかないモノを見つけて彼に事実を突きつけたとするわ。

たとえ彼が「それはただの遊びで、君のことは本気だ」って言ったとしてもあなたは信じられる？ そのぐらい人って自分の〝目〟で見た情報を信じる傾向があるの。

でも本当のことなんて彼にしかわからないのよ。たかだかＬＩＮＥのやり取りで、彼が浮気相手に心の底からの本音を語っている確率なんて、どのぐらいのものなのかしらね？

ただ性欲を満たすためだけかもしれないし、バーチャルな恋愛ゲームを楽しんでいただけかもしれないじゃない。そのニュアンスは人それぞれだけど、彼が嘘をつくのはあなたを失いたくな

い証拠かもしれないわ。

本当のところは彼の口からしか知ることができないじゃない。

だから、そのぐらい彼の本心がスマホで文字として残っている確率は低いっていうことよ。

スマホを見るなら「見せて！」がルール

彼に隠れてこっそりスマホを見る行為って、とてもじゃないけど褒められた行為じゃないわよね。たとえ彼が「白」でその瞬間は安心感を得られたとしても、それを続けていると自分が情けなくなってくるものよ。結局は自分で自分のことまで嫌いになっちゃう。

私はそうなるのがイヤだから、旦那に「見せて！」って言うわ。

コソコソ見る負い目もないし、油断したときに抜き打ちで「見せて！」って言う方が旦那も緊張感があっていいんじゃないかしら（笑）。

まあ、どんなに女性側が知恵を絞ったところで、男は浮気をするときはする！

でも大事なのは、それでも相手を愛せるかどうか。

変に束縛したり、スマホを盗み見たり、ずっと疑いの目を向けているなんて疲れるじゃない。

やっぱり人と人だから、窮屈と忍耐じゃ幸せにはなれないのよね。

「浮気の証拠を摑んだら別れる」

このぐらいの覚悟があるならいいけど、興味本位で見るんだったら絶対にやめなさい。

とにかく男のスマホには、女の幸せは詰まっていない！　これだけは確かなことね。

第15話

いつも〝遊びの女〟で終わる女

そりゃあ、遊ばれちゃうんじゃない？

最近こんな相談があったの。

なんでも、自分が好きになった男性との恋愛は、いつも〝遊びの女〟で終わってしまうのだそう。自分がその男性に本気になった途端、連絡が途絶えたり、

「俺、今彼女作る気ないんだ」

なんてセリフを言われてしまい、とても落ち込んでいたのよ。

はじめは、「世の中にはなんてひどい男がいるんだ！」って私も鼻息を荒くして怒っていたの。

でも、彼女の話を聞いているうちに、

「そりゃあ、遊ばれちゃうんじゃない？」って思ってきちゃったわ。

だって、彼女の行動って自分から立場を低くしているだけだったから。

まずね、一番やっちゃいけないのは、

はじめに男性に自分のことをさらけ出しすぎること！


みんな最初から自分の情報を与えすぎなのよ。

ほら、映画だって予告を観て〝もっと観たい〟〝映画館に行かなくっちゃ〟と思うじゃない。

でもね、自分のことをペラペラ話しすぎるのって、映画のストーリーや最後のオチまで話してるのと同じことなの。

誰が結末まで知っている映画をお金を払って観たいと思う？

恋愛は男性に「もっと知りたい！」って思わせなくっちゃダメなのよ。

遊びの女で終わるもう一つの理由

これは彼氏が欲しくてしかたない女性に多い傾向なんだけど、「彼氏を作りたい」「この人の彼女になりたい」

っていう気持ちの方が強すぎて、自分を安くたたき売りすぎなの！

こんなことに心当たりがある人はいない？　男性から〝気が合う〟と思われたいがために話を合わせたり、嫌われるのが怖くて本音が言えなかったり。

よく考えてよ！　その場しのぎの〝取り繕った自分〟を受け入れてもらったとしても、それに何の意味があるの？　そんなことをしていたら、どんどん自分の意見が言えなくなるのよ。

いつも男性の顔色を窺って、自己主張ができず、行き着く先はイエスマン。ただ言いなりになっている女性と〝一緒にいたい〟という男性っていると思う？

「こんなこと言ったら嫌われちゃうかも……」

と思って言葉を選んでばかりいるようじゃ、とてもじゃないけど男性から愛されるなんて程遠いわね。そりゃあ、相手を気遣う言葉選びは必要だけど、そんなに自己肯定感が低いんじゃ、相手だってあなたを低く見積もるわよ。

付き合ったり、結婚する相手とは対等な関係であるはずなのに、自分から立場を下げてるだけじゃない。

自分の過去の恋愛は話すべからず！

これはね、私が〝ばあば〟に小さい頃から叩き込まれていたことなんだけど、

『男には自分の過去の恋愛を口が裂けても言っちゃいけない』

って言われていたの。

男性って女性以上にヤキモチ焼きで、男性の嫉妬ほど怖いものはないんだからって。

付き合う前から自分の過去の恋愛の話をしている人がいるけど、それを男性はどんな気持ちで聞いていると思う？

表面的には「ふ〜ん、そうなんだ」ってクールに装っているかもしれないけど、内面じゃはらわたが煮えくり返っているのよ。

誰だって過去の恋人のことを聞いたら想像しちゃうじゃない。自分よりエリートだとしたら劣等感を持ってしまうし、自分より格下だと思ったら、あなたに対して敬えなくなるものなのよ。

もし「前にどんな人と付き合ってたの？」なんて聞かれたら、「学校が一緒だった人」「職場の人」って言っておけばいいのよ。

それにプラスして、

「なんで過去のことを聞くの？　今はあなたと一緒にいるんだからいいじゃない」

って言えば、もう何も聞いて来ないわよ。

男性に過去の恋愛を話す女性の気持ち

男性に自分の過去の恋愛を話す女性の心理は2つの狙いがあるのよね。まずは、

1. 過去にこんなに傷ついたから大切にして!

「前の彼氏に浮気されて本当に傷ついたの」「前の彼氏が全然連絡をくれなくて不安で……」

昔の恋愛の嫌だったところを男性に伝える女性の心理は、

〝こんなに辛いことがあったから、私を優しく取り扱って〟

っていうものだけど……それって本当に逆効果! それを聞いた男性は、はじめは可哀想って思うけど、あなたとケンカをしたり意見が分かれるたびに、

〝だから浮気されたんだ〟〝そんなだから連絡が来ないんだ〟と思ってしまうもの。

だから余計なことなんて言わなくても、あなたが男性から〝大切にしたい〟と思われている限り、大切にしてもらえるから大丈夫よ。

2. 私ってこんなにいい女なんだからっ

もう一つは、「自分はいい女」「高い女」だって念を押したいときに言うのよね。

ほら、よく「元カレに星付きレストランに連れて行ってもらっていた」「クリスマスにはブランドバッグを買ってもらった」とか、あえて言う人がいるじゃない。

あれって女性から見ても見苦しいわよね。

〝私はこんなことをされるのが当たり前の女性だから、あなたもしなさいよ！〟という心理だと思うけど……自分で自分を高く見積もっているけど、あなたの価値を決めるのは相手の男性よ。〝いい女〟を自作自演しても、価値なんて上がらないんだから、何も言わないに越したことはないの。あなたの価値を判断するのは相手なんだから！

それは結婚相談所でやってちょうだい

こんな女性が最近は多いのよ。よくある恋愛指南本の薄っぺらいテクニックをそのまま使いまわして、まだ付き合ってもいない男性に、

「次の恋を最後の恋にしたいんです」「あなたに結婚するつもりがあるなら付き合います」

なんてのっけから言っちゃう女性。

そんなこと聞いたら、こっちの方が恥ずかしくなっちゃうわ（笑）。

もうとにかく重いのよ、すべてが。

そりゃあ〝遊ばれたくない〟っていう気持ちが強くて、相手にも『真剣さ』を求めるんだと思うけど、そういうのは恋愛の場面じゃなくて、結婚相談所でやってちょうだい。

恋愛の入り口って、一緒にいて楽しいとか、気が合うとか、そういうライトな感じでしょ。

その先の気持ちは時間をかけて育てていくもの。それなのにいきなり「結婚」とか言われると、男ってドン引きしちゃうのよ。大切にされたいのなら、まず焦りは禁物！

もっと心にゆとりを持って男性と向き合うことから始めてみましょう。

第16話

〝私って不幸〟アピールの激しい女

恋愛の予選を通過するために最低限必要なもの

近くにいるだけで、なんだかドヨーンとした空気感のある女性っていない？

口を開けば不平不満、そして何かにつけて「私ってこんなにツライの！」「こんなに大変なの！」という〝不幸アピール〟の激しい女性。

自分の良い運気まで吸い取られそうで、ついつい近づくのを躊躇《ちゅうちょ》しちゃうわよね。

同性からそう思われているなら、当然ながら男性からも恋愛の選択肢から自然に除外されている可能性が高いわっ。なにも美人か美人じゃないかで男性は女性を選んでいるワケじゃないんだけど……合コン、婚活アプリ、婚活パーティーなど、初めて会う人はやはり第一印象でしかあなたのことを判断しようがないのも事実。

よく考えて！　どんなに性格が良いとしても、その性格の良さを男性に知ってもらうためには、まずはあなたに興味を持ってもらうしかないの。

第一印象を予選、グループで食事は本選、デートが決勝戦だとすると……結婚までたどり着くためには、まずは予選を通過できるぐらいの見た目をキープする必要があるわね。

決してお金をかけたり、美人になれと言っているんじゃないの。


清潔感や女性らしさを磨くこと。

そして何より、自然とにじみ出てしまう不健康そうな〝不幸オーラ〟を何とかしなくっちゃ。

幸薄美人より健康そうな女性がモテる理由

男性って女性よりもトラブルが苦手で、ケンカも怒られるのも嫌い。

できることなら揉めたくない、それが男性という生き物なの。

だから、わざわざ問題がありそうな女性を選ぼうなんて絶対にしないの。

男性にモテたいと考えたときに、メイクやファッションで＋αの魅力をつけ足そうとするけど、

マイナス面を埋めるだけで、無理せず数倍も第一印象が良くなるの。


最近多いのが、見るからに不健康そうな女性！

そんな女性が男性に会うときに肌の露出を増やしたり、香水を振りかけたところで余計な安売り感しか演出できないじゃない！

男性には生まれながらに『子孫を残したい』というDNAが組み込まれているの。

だから大切なポイントは見た目のキレイさよりも〝健康〟かどうか！

これって意外と知られていないみたいだけど、ぜひ周りの男性に聞いてみて。

いつもは「スタイルの良い女性がいい」なんて言っている男性も、実際に付き合うのはぽっちゃり系の女性というパターンってあるじゃない。

男性は「性格が合うから」なんて言っていますが本人も気が付いていないだけで、実は本能的に〝健康的〟な部分に惹かれているケースがほとんどなのよ。

見た目を左右する〝心〟の不健康さ

どんなに健康な人も「不安」「心配」「イライラ」があるだけで、本人も気が付かないうちに自分の魅力が少しずつ曇っているの。

相談を受けていて思うことがあるんだけど、

「もし○○になったらどうしよう」

「将来△△するかと思うと心配」

……このようにまだ起こってもいない未来のことで、不安を〝先取り〟して今から心配している人がとても多いのよ。

もちろん将来に向けて準備をしておくことは大切！

六星占術を使えば、これからに備えて人生の計画を立てることが可能です。

そうやって自分の人生を上手にデザインしている人たちを私はたくさんサポートしてきています。それなのに、必要以上の心配で今から不安になっていたら〝今〟の幸せを感じることができないわ。

例えば念願の彼氏ができたとします。付き合いたての楽しい時間を、

「もしも彼が浮気したらどうしよう……」

「私のこと嫌いになったらどうしよう……」

こんな起こってもいないことで不安になっていたら、彼に〝俺と一緒にいても楽しくないのかな？〟と思われて本物の不幸を引き寄せかねません。

将来に向けて準備をしたら〝今〟しか味わえない幸せを存分に楽しんで。

だって〝今〟幸せを感じることこそが、楽しい未来を作ってくれるのですから。

余計な不安をあおるSNS

最近鑑定で「不安」を口にする人が増えたのは、SNSの影響も大きいんじゃないかしら。

人ってSNSには「楽しいこと」「特別なこと」しかアップしないわよね。それを見て〝あの人はいいな……〟〝また新しいバッグを買ったんだ……〟〝彼氏とまた海外旅行に行ってる……〟なんて、人と自分を比べて勝手に落ち込んじゃうのよ。

自分では気がついていないんだけどね。

毎日そんな感情を抱いている人は要注意！


SNSがあなたの心を曇らせる原因、そして必要以上の「悩み」「不安」を引き寄せている可能性が高いのです。


もうそんな人はSNSから少し距離を置くことを本気で考えて。

SNSがなくて死んだ人なんていないんだから！

人の〝心〟って、良いことも感じるけど、悪いことも敏感に感じてしまうデリケートな性質を持っているの。汚れたパイプでは栄養は吸収できないわよね。それと同じで、悪いことを感じ続けてしまうと〝心〟が歪んだりねじれたりして、良いことがあっても吸収せずにそのまま外に流れ出てしまうの。

重い空気感を醸し出している人は、心のパイプが不安や悩みでドロドロに汚れている状態。

だからこそ〝今ある幸せ〟を感じて〝心〟を良い状態で保ち続ける必要があるのです。

心も体も健康であるために

たいていの悩みは、

『ちゃんと寝る』『おいしいものを食べる』『心から笑う』

こんな単純な3つで解決されることが多いって知っている？　嘘だ！　なんて思うなら、まず規則正しい生活をして、ちゃんと睡眠時間を確保することから始めてみて。

その生活を2週間も続ければ、余計な心配ばかりしていた自分を「あれは何だったんだろう？」なんて思えるようになるんだから。

人間って複雑に思えるけど、実はとっても単純で丈夫！　だからおいしいものを食べるだけでも心が修復されるし、心から笑っているだけでも栄養になるのです。

まず幸せになりたいなら〝心〟と〝体〟を健康に保つこと！

もう一度言いますよ、世の男性が本能でつい選んでしまうのは『健康的な女性』なのですから。

第17話

完璧を求める女

男は怒られるのが大嫌い！

みなさんの周りに完璧主義の人っていません？

特に会社の上司が１００％を望む完璧主義者だと、毎日ビクビク。

いつ怒られるんだろう……って会社に行くのが憂鬱になるのよね。

もし自分の妻が完璧主義者だとしたら。毎日家に帰るのが怖くなるわよね、くつろぎたいのに怒られそうで！

男性って怒られるのがとにかく大嫌いなのよ！

男性の本質は〝女性を守ってあげたい〟というもの。

優位に立ちたい気持ちが強いから、褒めたり、おだてたりのソフトなアプローチが有効なのに、女性って我慢できないからついつい怒っちゃうのよね。

それが逆効果だとわかっているのに、自分の感情をコントロールできなくなっちゃうのよ。それなのに完璧主義者って、相手をコントロールしようとするからタチが悪いのよね。

別に勝手に完璧主義をやってくれるならいいのよ。

でも、たいてい完璧を目指す人って、自分に厳しい分、人にも同じように完璧を求めるのよね。

そんなの窮屈よ。

そんなことを続けていたら、自分よりも若くて優しい女性のところに逃げられちゃうわよ！

その完璧さは誰のため？

先日、ある男性からこんなことを相談されたの。

その男性の奥様は完璧主義で綺麗好き。

だから会社から帰宅すると家はピカピカ。

チリ一つ落ちていないぐらいに毎日綺麗で整理整頓されているんですって。

でも、その男性はそんな綺麗な家に帰っても全然リラックスできない……ってボヤいてたわ。

だって、仕事から帰ってソファーでゴロゴロしていたいのに、

「まずお風呂に入って！」

「ソファーカバー替えたばかりなのにぐしゃぐしゃにしないで！」

「使ったものは元に戻して！」なんて言われたら、まったくくつろげないわよね。

まあ、私も主婦だから、掃除し終わった瞬間から、子供たちが散らかし始めるとさすがにイライラするわ。でもそれで怒るのはちょっと違うと思わない？

だって、いったい誰のために部屋を綺麗にしているの？　って話じゃない。

その完璧な奥さんだって、家族が心地良く過ごせるように部屋を綺麗に保っているのよね。

でも、それが行きすぎた結果、部屋が汚れたら怒るっていう悪循環！

完璧を求めるあまりに「何のために？」っていう大切なことがブレてたら本末転倒。

家族の幸せのためにやっていることが、結果として家族を不幸にしているなんて。

弱みを見せてこそ人だから……

自分の気持ちを奮い立たせて、

〝頑張らなくっちゃ〟

と思うほど、人って周りが目に入らなくなって頑固になっちゃうのよね。

その気持ちって本当にすごいのよ。

でも、その状態は周りの人から見ると、隙がなさすぎて入っていけないのよ。

自分の力だけで完璧にやりたいと思えば思うほど、人があなたから離れていくなんて悲しいじゃない。


でも、**全部を一人で抱え込むほど、人って離れちゃうのよね。**


結婚生活や人間関係って、自分にできない部分をできる人が補うもの。

頼ったり任せたりしながら支え合うことで、存在意義が生まれて人を大切にできるのよ。


あなたが人を求めなければ、誰もあなたを求めてくれないの。


『人との関係は、弱みを見せてこそ』成り立つものなのよ！

誰もあなたに〝もっと頑張りなさい〟なんて言ってないのよ。

もっと自分の弱さを出せるようになると、生きることがラクになるわ。

本当の自分を見せるほど、あなたは人から好かれる

「全部自分一人でやれます！」

と言う人に人が寄り付かないのとは逆に、

「私できないの、手伝って！」

と言う人の周りには不思議とたくさんの人が集まってくるの。

なぜだかわかる？

人って誰かに頼られたい生き物だから。

完璧に今までやってきた人って、〝強い自分〟でいることこそが正義だって思っているのよね。

でも、無理して頑張り続けるのって苦しいでしょ。

大丈夫よ！

弱くて頼りない本当の自分を見せたって、あなたのことを嫌いになる人なんていないんだから。

特に男性は、あなたが甘えて頼るほど、強くてたくましい人に育つの。

その反対に、あなたが強く厳しいほど、何もできない弱い男性に成り下がるもの。

ほら、出来すぎる妻を持つと旦那が出世しないっていうじゃない。

人と人の関係って、対極のものが惹かれ合いセットになる仕組みなの。

だったら、彼氏でも旦那さんでも子供でも、あなたが弱さを見せるほどに、周りが強くしっかりしてくれる。だから、本当の自分を見せることってすごく大切なことなの。

すべては笑顔のために

あなたが彼を逃すまいと完璧を目指して奮闘しているときって、どんな状態か鏡で見たことがあるかしら？　それはもう鬼の形相よ。女性としての可愛さの欠片もないんじゃない。

どんな十人並みの女性でも、笑っていたら可愛く見えるもの。

そういう内面からの可愛さに男性はグッとくるのよ。

もし、今あなたが笑顔を奪われるほど何かに追い詰められているなら、今すぐ無理するのをやめていいわ。

朝から不機嫌な女性を大切にしたい男性がどこにいる？

帰ってきてしかめ面で怒られる家に誰が帰りたい？

みんなが寄り付かなくなってから気が付いても遅いのよ！

完璧よりも弱さを見せられる女性の方が愛される。これを忘れないでね。

第18話

元カレが忘れられない女

元カレのことが忘れられない……

「元カレと付き合っていたときは幸せだったのに……」

こんなことをボヤいている女性の話を聞くことがあります。

そのたびに、早く新しい恋をすればいいのに、という気持ちになっちゃうのよね。

元カレのことが今も本当に好きで忘れられない！

そんなに強い気持ちだったら、忘れなきゃいいのにね。

だって、忘れられないというより、忘れたくないんでしょ。だったら無理に忘れることなんてないの。心の中に空いたスペースを埋めようとしても、まだ昔の男が詰まっている状態だったら、新しいものは入るスペースがないじゃない。どんなに素晴らしい人だって、賢い女性だって、

男の代わりを満たせるのは男。

ということは、女性の失恋の傷を癒やせるのは男性でしかないのよね。でも本人に治療する気持ちがないと傷の手当てもできないでしょ。傷を治すつもりがないなら、そのまま流血して痛い状態でいるしかないわよね。残念だけど。

理由１　今も別れに納得していないから

昔の恋を忘れられない理由の多くは、納得して別れてないから！　自分が本当に嫌になって別れた相手のことを「あのときは幸せだった」なんて絶対に思わないでしょ。要は別れ方に納得で

きていない場合、すなわちフラれて終わった恋のパターンが多いんじゃない？

自分は好きだったけど、相手から一方的に別れを切り出されてたり、男性の気持ちが他の女性へ移ってしまったり……。

自分が〝好き〟な気持ちだけじゃどうにもならないのが恋愛だから、これぱっかりはもう仕方ないのよね。それなのにいまだに別れに納得していないうえに、さらにそれを無理やり忘れようとするから苦しくなるのよ。

だって「忘れよう」と強く思っている限り、忘れられるはずがなくない？　それって夜中に目がぱっちり覚めちゃったとき、「寝なくちゃ」って思うほど眠れなくなるのと一緒。

無理に「忘れないと！」なんて息巻くより、好きな気持ちはそのままに楽しいことでもしていたら、自然に気持ちが薄れていくものよ。

理由2　別れた原因を忘れているから

昔の男を忘れられない理由になっているのは、実は別れた原因を忘れているという場合もあるわよね。もっとわかりやすく言うと、彼との良かったこと、楽しかった思い出に浸っているだけ。

もちろん付き合いたてのドキドキ感や楽しい思い出までをわざわざ忘れる必要はないけど、〝嫌なこと〟があったから二人は別れを選んでいるのよね。でも、そのダメだった部分を忘れて、良いことだけしか思い出せなくなっている人って意外と多いのよね。

ほら、よく別れたり付き合ったりを繰り返しているカップルっているじゃない。

あれはこのタイプね。離れているときにお互いの良い部分しか思い出さなくて、ヨリを戻してもダメな部分は改善されていなくて、やっぱり無理！　って、同じことを繰り返しちゃうのよ。

元カレとヨリを戻すのって簡単に思うかもしれないけど、一度別れているということはマイナスからのスタートだっていうことを忘れないで欲しいわ。

今までダメだった、合わなかった部分があった人との再スタートというのは、新規の男性とイチから関係を始めるよりも不利なの。だってマイナスからのスタートだから。

だからただ〝寂しい〟という理由でヨリを戻そうとすると、うまく行かないわ。

ヨリを戻す時には〝お互いに悪い部分を根本的に直して結婚する〟、このぐらいの覚悟がないと元カレには戻っちゃダメよ。

理由3　元カレは私を理解してくれたから

新しく出会った男性とデートをしていても、なんだかしっくりこない……。

そんなときこんなことを思っちゃうのよね。

「元カレとは楽しかった」

「元カレは私のことをわかってくれてたのに」って。

食事の好み、デートのプランの決め方、会話のタイミング……。

新しい男性との出会いは楽しいけど、

〝あれ？　なんだか違うかも？〟

と思ってしまうこともあるのよね。

でも、よく考えてみて。そりゃあ、元カレはあなたのことをよくわかっているわよ。

だって、新規の男性と比べたら、一緒に過ごした時間が全然違うんだから！　元カレはあなたの好きな食べ物、趣味や喜ぶこともちゃんと理解しているけど、それでもあなたとはうまくいかなかったの。これが現実。


元カレと比べたりしないで、自分を知ってもらう努力、二人で一緒に楽しくする工夫をした後にしか、安らいだり、落ち着いたりする関係にはなれないんだから。初めから相性ピッタリなんてドラマの見すぎじゃない？

まあ、稀にいるのかもしれないけど、大半は時間をかけてゆっくりお互いを理解していくものよ！


あなたがデート中に元カレを思い出しているのなら、きっとそのデートのお相手も元カノとあなたを比べているかもね？


それって嫌じゃない？

自分のやったことって返ってくるから、それが嫌なら元カレと比べないことよ。

終わった恋を清算して、次の恋！

年を取ってから、

「昔はモテた」

「すごいイケメンと付き合っていた」

なんて自慢し合っている人たちがいるけど、それって自分の人生のＤＶＤの良い部分だけを再生しているみたいで聞いていて虚しくなるのよ。

過去の栄光もたまにならいいけど、今ある幸せにもスポットを当てて欲しいものね。

昔の恋に未練があるなら、無理に忘れる必要なんてないわ。

でも幸せになる努力はちゃんとして欲しいの。

新しい恋に出会う努力、自分を磨いたりして一歩進む努力をしている人は、自然と昔の恋にケリをつけられるものだから。

それに昔のことに執着しているときって、自分の中の選択肢が少なくなっているときなのよね。

少ない選択肢を頭の中で考えているから、「忘れる」「忘れない」の究極の二択になっちゃうの。

オシャレをしてたくさんの男性と出会う努力をしたら、新しい選択肢が生まれるものよ。

人生の中で良い出来事は宝物だけど、終わったことをちゃんと清算して前に進んだ人が幸せを摑むもの。新しい出会いは今のあなたを１００倍幸せにしてくれるかもしれないわ。

だから、忘れなくてもいいから前に進む努力をしてみて。

第19話

ダメ男を摑む女

いつもダメ男を摑む理由

先日こんな悩みを打ち明けられたのです。

「私、男運ないんです……」

と話す女性は、いつも付き合う男性がダメ男なんですって。

よくよく聞いてみると、今別れを考えている彼氏はお金にだらしなく、元カレはＤＶ男、そしてその前の彼氏は働く気がない男だったそう。

もうね、これは立派なダメ男コレクターね。こういう女性っていつも〝男運〟のせいにしているけど、私に言わせたら悪いのは〝男運〟じゃなくて、その女性自身なのよ！

まず、**ダメ男が寄ってくる女性の特徴は、人を頼って生きていること！**

男性に、

「昔付き合っていた男にこんな酷いことされたの」

「元カレにこんなに辛い目にあわされたの」

なんてすぐ話しちゃうのよ。

知ってる？　ダメ男って女性の弱みに付け込んでくるの！

だから絶対に軽々しく自分の弱みを見せたらいけないの。

いつもダメ男ばかり摑まえちゃうっていうことは、簡単に心の隙を見せている証拠！

お金が目的で心の弱さに付け込んだり、優しいフリして暴力を振るったり……そういう男性を引き寄せ続けちゃうのは、〝男に幸せにしてもらいたい〟という気持ちが強すぎるからよ。

幸せは男に与えてもらうものじゃない！

幸せって自分だけでも見つけられるじゃない。

やりがいのある仕事を持つとか、おいしいものを食べるとか、旅行に行くのでもいいの。

一人で生きていく強さを持っている女性が、追加の要素として男性に心のよりどころを求めるのが恋愛！

でもダメ男にハマる女性って幸せを男に与えてもらおうっていう気持ちがあるから、自分の心や、自分の人生を男に委ねちゃうのよね。

自分の幸せを自分でちゃんと見つけられる女性がうっかりＤＶ男と付き合ってしまったら、速攻で別れると思うの。だって暴力を振るう男性なんて絶対に嫌じゃない。〝この男と一緒にいても自分は幸せになれない〟っていう自分のボーダーラインがちゃんと引ける人だから。

それがダメ男ばかり好きになる女性って、

〝この男性がいなくなったらどうしよう〟

〝一人で寂しく生きていくのはイヤ〟

なんて思いがちで、自分の幸せのボーダーラインがかなり低い位置に設定してあるの。

辛い目にあってまで男に幸せにしてもらいたいって、この期に及んで他力本願なのよね。だから暴力を振るわれてもなかなか別れられなくて、

「優しいところもあるの」

なんてかばってみせたりもしちゃうのよ。そんなのは言い訳以外の何物でもないわ（怒）。

THEダメ男の特徴はこれ！

ダメ男に限らず、仕事でも人間関係でも、うまく行かない人の典型的な特徴は、

〝目先のお金を追う人〟。

もうね、こればっかりは絶対に近寄ったらダメよ！

だいたいお金って、自分や家族が幸せに暮らすために働いて作るのが大前提！

それなのにたいして働きもしないで、

「簡単に儲かる」

「ラクに稼げる」

なんてうまい話にすぐに飛びつくから騙されるの。


一所懸命働いて得たお金で、家族が暮らす家を買ったり、自分が楽しむ趣味に費やすのは正しいお金の使い方よね。でも、目先のお金ばかり追っちゃう人って、深く物事を考えずに全部ノリと勢いなのよ、人生自体が。そんな男性にあなたや子供の人生を預けられる？

結婚相手に選ぶ男性は、長い人生でどうお金を増やして使っていくかを考えられる人じゃなくっちゃ。どんなにハイスペ男性がいいって言っても、お金の使い方がキレイな人じゃないと、

苦労するのはあなたなのよ！

たとえ今は稼ぎが少なくても、お金に対してちゃんとした考えを持っている男性は、将来が有望なんだから。

意外に多い〝小食な男〟は要注意！

あとは最近意外に多いんだけど、

〝食が細い男〟は要注意よ！

人間は「食欲」「性欲」「睡眠欲」。

この3大欲がバランス良く保てて初めて健康で良い働きができるのよ。

だからどれが欠けてもダメね。

これは〝ばあば〟が、

『食は男の活力』

と言って、「いただきます！」「おいしいです！」って残さずに食べる男性は仕事もできるって昔からよく話してたなぁ。

だから、食が細い男性は性欲も期待できないわね～。よく食べるっていうことはパワーがあるからしっかり働いてくれる。もうこれだけで結婚相手としての条件はクリアしたも同然ね。

気になる男性と食事に行くタイミングがあったら、その人の食べ方や食べる量をよく観察しておくといいわね。ランチを残しているような男性じゃ、ちょっと将来は期待できない可能性が高いわね。

合コンは最高の男の品評会

男の「食」でいろんなことがわかるって言ったじゃない。ということは、

合コンは最大の男の品定めの場よ！


だって、お酒の場には絶対に食事も出るでしょ。

あなたが酔っぱらう前に、食べ方やマナーをよく観察するのよ。

食べ方が汚い男性は、Hのマナーだっていいワケないじゃない！

それに食事中にスマホばっかりいじっている男性なんて、結婚してからも同じことをするわよっ。お酒の飲み方だってその人の性格が出るじゃない。酔った勢いで気が大きくなるのか、上司の前でも酔いつぶれて寝ちゃうのか。いい男を探しつつ、冷静な目でしっかりチェックするのよ。

イケメンやハイスペばかりに囚われていると、大切なものを見失うわ。

将来ダメ男を掴まないためにも、自分自身がしっかりすること。

そして付き合う男は事前にちゃんと観察すること。

この2つに気を付けるだけでも、悪い男に引っかかる可能性はずっと少なくなるわよ。

第20話

男を信頼できない女

「いま女の人見てたでしょ（怒）」

彼氏と一緒にいるとき、

「いま女の人見てたでしょ！」

「そんなことないよ」

「ほら、また見てる（怒）」

こんな会話、したことありませんか？

キレイな人がいたり、すごく肌を露出している人がいたら、女の私だって見るわよ（笑）。

それを、「目の前に自分の彼女がいるのに他の女に目移りして」なんて、スネるを通り越して本気で怒っている女性がいるのよね。

こういう古典的なやり取りを見ていると、なんでそんなところに着目しちゃうんだろう？って思っちゃうのよね。

余裕がある女性なら、同じことが目の前で起こったとしても何も感じないはずよ。

だって一緒にいる男性のことを心から信頼しているから。

自分の彼を信頼できないなんて、同じ時間を過ごす意味ある？

そういう人って〝男は信頼できない〟と思っているみたいだけど、それって実は、

〝自分〟のことを信頼していない証なのよ。

過去の経験がトラウマになってひねくれた恋愛観に

男性のことを信頼できないと思う女性って、過去のトラウマが関係している場合が多いのよね。浮気やウソとか、一度でも男性から裏切られた経験があると、心が〝もう傷つきたくない〟ってなって、自分を守ろうと『疑う』機能を発動しちゃうの。

本当は傷ついた経験を糧に良い恋愛をできるように成長するのがベストなんだけど、その原因や背景よりも〝自分が傷ついた〟という事実にフォーカスしすぎて、何でも男性を疑うようになっちゃうのよ。

それが俗に言う〝こじらせる〟っていう状態のこと。

恋愛のこじらせが長引くと、相手も自分も疲れ果てちゃうのよね。

デート中、彼が時計を見ただけで「えっ、早く帰りたがってる！」とか、彼があくびをしただけで「私とのデートって退屈なの⁉」とかすべてにネガティブに反応しちゃうの。

毎回「そんなことないってば」なんて言わされる彼の気持ちを考えたら、もうお気の毒よね。

こういう女性って〝愛されている〟という自信も持てないから、何かあるたびに、「私のこと好き？」なんて確認しないと気が済まないの。

はじめこそ「好きに決まってるじゃん」なんて優しく答えてくれていた彼も、３回を超したらウンザリよね。

知っているかしら？　人って、

〝裏切らないで〟〝傷つけないで〟って心で願うほど、そういう現実を引き寄せてしまうということを。

「自信のなさ」と相手を「信頼できない」は比例する！

自分に「自信がない」ことと、相手を「信頼できない」ことは比例するの。だから、自分に自信がない人ほど、相手のことが信頼できなくなっちゃうのよ。どうしてそんなネガティブなループに入っちゃうかっていうと、その原因はやっぱりあなたにあるの。

一度恋愛で辛い経験をしたからって、また同じ経験をするとは限らないでしょ。でも、その不安がぬぐえないっていうことは、同じような類の男性をまた選んでいるっていうこと。もっと言ってしまえば、心から信頼できる男性を選んでいないのよ！

裏切られた↓傷ついた↓別れた↓寂しい↓いい男がいた↓付き合う↓疑わしい↓信じられない↓裏切られる、これって負のエンドレスループよね。

ここで断ち切るべきは、「いい男がいた↓付き合う」の部分よ。

心に傷を負っている女性って、傷を癒やす特効薬として新しい男性を投入しがちだけど、深い傷を負った場合は、〝どうしてこうなったの？〟と根本的なところに向かい合って、自分である程度、傷を修復する必要があるの。

それもせずに新しい男性に走るから、同じことを繰り返すのよ！

辛くて痛い思いをしたんだったら、学習しなさい！

同じところをぶつけると、もっと痛いでしょ！

それに同じような男と付き合って別れてを繰り返していると、〝別れの辛さ〟だけが積み重なるのよ。

それこそが負の連鎖の原因。裏切られたり、痛い思いをするたびに、〝自分は恋愛で辛い思いをするような存在だ〟って、そればっかりが強く刻まれちゃうの。

辛い思いをしたのなら、次に付き合う人は時間をかけて吟味して、〝この人なら大丈夫〟っていう部分まで達してから付き合わないと、負の連鎖から抜け出せなくなるわよ。

「私、何があっても平気」なんて言うもんじゃない！

もう一つ、恋愛で辛い思いをしがちな女性は、自分で「そんなに私を大切にしなくてもいいですよ」って宣伝している場合があるのよ。

本人にそんなつもりは微塵もなくても、男性がそう捉えちゃうのよ。

ほら、タフな女を演じちゃってる女性って、

「私は何があっても平気よ」とか言っちゃうじゃない。

男ってそれを本当に言葉通りに受け取っちゃうの。

〝私はあなたに傷つけられたら生きていけないわ〟なんて心の声は聞こえないの。

だからそんな言葉、口から出る前に穴でも掘って地面に埋めなさい！

あとは「何があっても私はあなたの元を離れない」なんていう重い女もダメよ！

そんなこと言われたら男性が甘えちゃって、その言葉通り何をしても許されるって思っちゃうわ。

だから、心に思ってないことなんて言うもんじゃないの。

人が最も裏切ることができないものって？

渾身の演技や駆け引きで思ってもいないことを言っちゃうんだろうけど、男性って計算できないのよ！　結局それで自分が痛い目を見るんじゃ自分で泥をかぶるのと同じなの。

だから打算はやめて、もっとシンプルに相手と向かい合うことが大切ね。

ねえ、男でも女でも、人が最も裏切れないものって何か知ってる？

それは『人からの信頼』。

純粋な思いで自分のことを信じてくれている気持ちには、どんな悪人も敵わないのよ。〝あいつが信じてくれているから〟って、誰かの信頼を受けているのを知っていると、気持ちが浮つく直前で思い留まることができるのよ。

傷つきたくないなら、まずはあなたが信頼できる男性を選ぶのよ。

そして選んだ男性を信じ続けるの。

とってもシンプルだけど、これってどんなテクニックよりも有効なのよ。

第21話

お金が好きな女

いい男は年収じゃわからない！

「結婚するなら年収1000万円以上の男性がいい」

「あの人カッコいいんだけど、年収がね……」

幸せな結婚を望んでいる人が多い日本の女性は、いつからこんなにも結婚相手に〝お金〟を求めるようになったのかしら？

「お金よりも愛が大切よ！」

なんてそんな綺麗事は私も言わないわ。

正直、結婚となるとお金は生命線なのよ。


お金がたくさんあったら絶対に幸せになれるワケではないけど、お金がないと不幸になるのよ。


自分の大切な人を不幸にしないためにも、お金って大切なの。

でも、ちょっと相手の年収にこだわりすぎじゃない？

結婚相談所なんて本当にすごいわよね。

男性を年収ごとに区切るところもあるのよ。それだけ女性側が年収を相手選びの条件に設定しているっていうこと。ただ心配なのよね……年収ってただの数字だもの。

それなのに、年収200万円の男性と年収3000万円の男性から同時に告白されたら、きっと年収3000万円の男性が良く見えちゃうのよね。ちょっと性格が合わなくても、顔がタイプじゃなくても、みんな年収の高い男性を選んじゃうんじゃない？

それで大切なものを見失わなきゃいいんだけど。

稼ぐ男をつなぎとめるのは至難の業

例えばあなたが、恋愛市場の激戦区で年収の高い男性を手に入れたとするわ。私だったら……手に入れたはいいけど、稼ぐ男をずっとつなぎとめておくのって苦労すると思うな。

とにかくこの世にはお金が好きな女性が多いから、人のモノだろうと平気で奪おうとする人たちが群がってくるからね……。

ずっとそういう戦いが続く結婚生活を勝ち抜くだけの度量、もしくはそれすらも無視し続けられる神経があるのかしらね？

それに高額を稼ぎ続ける旦那の妻でい続けるって、本当に大変だと思うわ。旦那は忙しくて家庭を顧みる時間なんてないんだから、自分の状況と与えられるお金を比べて、それでもお金がたくさんあった方が自分が幸せだって思えるならとことんお金にこだわればいいんじゃない。

それなのに、「愛」も「お金」も「安定」も「成功」も……なんて欲張るからおかしくなるのよ。

人って人生でたくさんのものを求めるけど、

自分は一番何が欲しいのかを明確にしていないと
自分の人生を見失っちゃうのよね。

「お金」を優先順位高めに掲げているくせに、〝愛されたい〟〝大切にしてもらいたい〟とか言うじゃない。

それは都合がいいお話なのかもしれないわよ。

年収1000万円で望む生活は手に入るの？

「旦那の年収は1000万円ぐらい欲しい」

なんてよく聞くけど、いったい1000万円で具体的にどんな生活が送れると思っているのかしら？　じゃあ、年収1000万円を詳しく見ていくと、だいたいそこから税金などを支払うと、手取りは約700万円。それを12ヵ月毎月のお給料で割ると1ヵ月の収入は約58万円。

そこから家賃や家のローンと車のローン、保険などを払うと残りは約30万〜50万円だとして、食費に学費に雑費を引いていくと……あなたの自由になるお金なんて月々数万円ぐらいかしら？

よく考えてよ！　月々数万円、自由になるお金のために血眼になって年収の高い男性を探しているの？　月数万円だったら、年収400万円ぐらいの男性と結婚しても、あなたが働きに出れば手に入る額なんじゃない？

それでいて、その年収1000万円の旦那に浮気でもされてごらんなさい。

「やっぱり、お金より安心感よね」

なんてため息交じりに言っちゃうのよ。

だから目先のお金に惑わされていると、足をすくわれちゃうの。

お金はあなたがやったことについてくる

会社に行ってデスクに座っているだけじゃお給料ってもらえないでしょ。

その場に行って＋αのことをして、その成果としてお金をもらうのよね。

だから、お金ってあなたがやったことに対しての対価なの。

人にどんなサービスを与えられたか？

どれだけ会社に貢献したか？

それなのに、何もせずに旦那さんのお金で良い生活がしたいって……

じゃあ、あなたはそのお金に対してどんなモノを提供できるのかしら？


旦那に朝食を作り、笑顔で送り出して、部屋を掃除して、買い物に行って、旦那のシャツやスーツにアイロンをかけて、夕食を作って。それで子供が生まれたら育児もよ！

この生活が365日続くのよ。

これだけ働いて自分の自由になるお金が月数万円ぐらいだとしたら、大変な思いをしてまで手に入れたのにちょっと時給が低くない？　って私なら思っちゃうけどね。

目先のお金を追いかけたら終わり

出会いの場で相手の年収ばかりに目を向けてしまうと、今後大きな伸びしろのある有望な男性を見落としていたり、一生あなたに愛情を注ぎ大切にしてくれる男性を見過ごしている可能性もあるのよ！

今は年収300万円でも、会社が急成長して役員に抜擢されて会社を仕切るようになる人だっているはずよ。

出世もして安心できて、あなたも自由に働いてお互いに支え合える家庭を築けるかもしれないじゃない。

目先のお金を追いかけて、自分の本当に欲しいものを見誤っていたら、気が付いたときに寂しい思いをすると思うわ。

今のお金に執着するより、その数字の後ろ側を見られるようになると、自分の幸せの形が何なのかわかるようになるものよ。

第22話

男を追いかける肉食系女

狙った男性を手に入れるために全力疾走！

「いつも好きになった人と付き合えるのに、付き合った瞬間に冷めてしまうんです……」

自分が好きになった男性を振り向かせるまでは全力で頑張るけど、彼氏になった途端にその男性に対する興味を失ってしまう恋愛を繰り返している女性っているのよね。

狙った男性を手に入れるまで全力で頑張る姿勢は、本物の狩人も真っ青なハンターっぷりね。

でもね、恋愛ってクレーンゲームじゃないのよ！

ケースに入っている賞品を取るまでは必死に頑張るけど、実際にキャッチできたら、〝あれ？　そんなに欲しかったかな？〟って思う感覚と同じよね。

こういう肉食系の女性って、

「その男性が好きで一緒にいたい」

というより、恋愛の目標が「男性を振り向かせること」に設定されていることが多いのよね。

本人はそれに気付かずに〝なんで私は恋愛が長続きしないの……〟なんて本気で悩んでいるのよ。

確かに好きになった人を振り向かせるために、いろいろアプローチをするのって楽しいわよね。

LINEの返事ひとつで気持ちが上がったり下がったり、それに女子力を上げるためにキレイになろうとしたり、新しいワンピや勝負下着を買ってみたり。

こういう女性って、自分がキュンキュンして楽しむためだけで終わっているのよね。

問題は、恋愛を継続させるために必要な〝彼のために〟みたいな気持ちが一切ないこと！

独りよがりの恋愛が長続きしないのも納得よ。

もう一つ、恋愛が長続きしない原因は、その人の〝男性としての魅力〟ばかりに惹かれている場合が多いのよ。

顔や、仕事ができそうなスーツ姿、強くてたくましい感じに惹かれているなら大変よ。だって誰しも「カッコ良い部分」と「カッコ悪い部分」、この相反する二面を持っているものでしょ。男性としての魅力を好きになっている場合は、完全に彼の表面である「カッコ良い部分」しか見えていないのよ。

そういうパターンで恋が冷めるのって、その彼の裏面である「カッコ悪い部分」が見えたときなのよね。

・男らしいと思っていたのに優柔不断だった
・もっと引っ張っていってほしいのに頼りない
・家でリラックスしているときのダラけた姿

そういうのを見たときに〝あれ？　思っていたのと違う……〟ってその彼を減点しちゃうのよ。

彼にとってはたまったものじゃないわよね。

あんなに〝好き〟って言ってた彼女が、いきなり冷たくなるのよ。

まさか彼は、あなたが勝手に想像した男性像と違ったからガッカリしている、なんて思いもしないじゃない。彼はあなたの何倍も傷つくのよ！

〝失う可能性のある魅力〟はノーカウント

年を取るにつれて〝失う可能性のある魅力〟ってあるじゃない。

ほら、顔のカッコ良さとか、若さゆえの勢いとか、仕事のステイタスとか。

そういう〝若いとき限定の魅力〟に惹かれて付き合うのも危ないわよ。

だって、どんな人だって平等に年を取るのよ。年を取ったらその魅力が消滅しちゃうじゃない。

若さと勢いで起業した男性は今は業績も調子がいいかもしれないけど、年を取っても同じように徹夜をして会社の業績を伸ばすって結構辛いのよ。

それにカッコ良い男性って連れて歩くには最高だけど、どんどん見た目も変わってくるのよ。

お金持ちがずっとお金に困らないとも限らないわ。

彼が変わっていくたびに気持ちが減点されていくから冷めちゃうのよね。


でもね、彼が年を取るということは、あなたも年を取っているのよ。

彼に「老けたから一緒にいたくない」なんて言われたら、すごく腹が立つじゃない！

それと同じことをしているのよ。だから〝失う可能性のある魅力〟に惹かれるのは危険なのよ。

長く続く恋愛に共通する、好きになるべきポイント！

長くうまくいっている夫婦に、

「相手の何が良くて好きになったの？」

って聞くと、みんな同じような答えが返ってくるの。
・人として好き
・一緒にいてリラックスできる
・人として尊敬できる部分がある
「男だから」とか「女だから」とかの要素じゃなくて、

長続きする恋愛をしている人は
『人としての魅力』に惹かれている場合がほとんどなのよ！

恋愛はともかく、結婚なんてリアルな日常生活じゃない。

そんな毎日に「顔のカッコ良さ」「背の高さ」なんてそこまで重要じゃなくなってくるのよね。

人としての魅力って年を重ねても増していく場合が多いのよ。

だから変わらず一緒にいることができるのよ。

今、あなたの隣にいる男性のどこが好き？

彼の『人としての魅力』に惹かれているのなら、ひとまず安心ね。男女の熱量が落ち着いたら、その人の人間性と向かい合うことになるんだから。

老後、一番使えないのは勝負下着！

好きになった男性を夢中で追いかけていると、勝負下着の数だけが増えていく人もいるけど、あなたが年を取ったときに一番使えないものって勝負下着なのよ（笑）。

実用性のない派手でセクシーすぎる下着は、まさにタンスの肥やし。若気の至りだと思って、さっさと断捨離でもなさい！

女性側だって、勝負下着とかミニスカートとか、若さだけで闘おうとすると、同じように表面しか見ていない男性版ハンターからターゲットにされるわよ。

〝カッコいい〟〝素敵♡〟なんて思って猛ダッシュで彼を追いかけていく前に、「その彼のどこが好き？」って自分の心に問いかけてみて。

そのとき〝男性としての魅力〟しかなかったらまだ走っちゃダメよ。

その恋って一瞬のドキドキ以外に得られるものなんてないんだから。

あなたが本気で狩りに行くのは、何度かデートを重ねて『人として』好意を感じてからでも遅くないんだから。

第23話

モテない女

モテる女・モテない女

世の中には2タイプの女性がいます。

それは〝モテる女〟と〝モテない女〟。

せっかく女性として生まれて生きているのだから、〝モテる女〟を目指した方が人生楽しいに決まってるじゃない？

今回は私が今までに見てきた〝モテる女〟を徹底的に分析してみました。

「かおり先生、私モテないんです……」なんてグチったり、ひがんだりしてないで、マネできるところをしっかりチェックしてみて。では、さっそく学んでいきましょう。

1　やれそうでやれない女

どの時代も共通して男がつい追いかけてしまうのは、

「やれそうでやれない女」！

もう、これに敵うものはないわね。

スキンシップも多くて、会話も楽しくて、それでいて体のラインがはっきり出る洋服を着ている……それなのに、やらせない！

男性だって〝よし、この女は落とせそうだ〟と思っていたのに、最後の最後でさらっと逃げられたときはガッカリよね。

男性側は〝次こそは！〟って自然と追いかけちゃうのよ。

そうなったら女性の勝ち！

あとは時間稼ぎをするごとに男性の本気度が増していって、いつの間にか本気で追いかけられる存在になっているという仕組み。

こういうことを聞くと、

「かおり先生、すぐマネしてみます！」

なんて張り切っちゃう人がいるんだけど、「やれそうでやれない」って結構高度なテクニックなのよ。

男性から追いかけられるのが楽しくて引き延ばしすぎても、後ろを見たときにはもう男性は追いかけてなかったなんていう失敗も多いんだから。

そもそもだけど……「やれそうでやれない女」を目指しているのに、はじめから失敗してやっちゃったら、そこで試合終了！

簡単に手にできるモノに対して、男性はあんまり興味がないのよ。

だからはじめから体の関係を持つなんて絶対にダメよ！

2　ギャップのある女

「やれそうでやれない女」もある意味そうなんだけど、見た目と中身のギャップが大事！

遊んでそうに見えて家庭的だったり、清楚に見えて意外に夜は激しかったり（笑）。

人ってその人の見た目からおおよその判断をするものだけど、その予想を良い意味で裏切ってくれるギャップに弱いの！

ほら、女性も悪そうな人が優しかったりするとグッときちゃうじゃない。それと同じよ。そういう一面を見ちゃうと〝もっと知りたい〟っていう気持ちになって、男性があなたに興味を持ってくれるの。だから、はじめから、

「私はこんなこともできる」「私はこんなタイプ」

なんて自分の話をしまくって引き出しの中を全部見せてはダメ。

自己主張が強い女性よりも、男性の〝もっと知りたい〟っていう気持ちをくすぐらなくっちゃ。となると……

初対面では自分の話を積極的にするよりも、相手の話をちゃんと聞ける〝聞き上手〟な女性でいることが賢明ね。

自分の話す内容よりも、2倍相手の話を聞き出すぐらいが合格点。これって結構難しいんだけど、みなさんできるかしら？

3　男に自信を与えられる女

男性に自信を与えられる女性は、長く大切にされる傾向があるわね。一緒にいて気分がいいか

ら、男性がそう簡単には手放さないのよっ。

まずは『褒め上手』。

男性に手っ取り早く自信を持たせるには、褒めること！

「さすが！」「すごい！」こんな簡単なことでもいいの。

はじめは〝なんだかウソっぽいな〜〟と男性に思われていたとしても、褒め言葉って3回も聞けば本当に思えてくるものなの。

しかも笑顔で可愛く言えたら、なおさら良し！　これならすぐにマネできるはずよ。

あとは『頼る』。

これも男性に自信を持たせるには有効な手段なの。

『頼る』って言っても難しく考えないで！

電球を替えてもらうとか、ペットボトルのキャップを開けてもらうとか簡単なことでいいの。

やってもらったらちゃんと笑顔で「ありがとう♡」って言うことも忘れずにね。

これって些細なことに思えるけど、結婚生活をうまく保つ本当に大切なことなの。

だって、お互いに苦手なこと、できないことを補い合うからこそ二人で一緒にいる意味が生まれるじゃない。彼は料理ができないけど、私は料理が得意。私は家具の組み立てはできないけど、彼はそういうのが得意っていう感じでお互いの存在意義を再確認する意味があるの。

〝俺がいないとダメだな〟なんて思いたいのよ、男性って。

だから、何でも自分でやっちゃったらダメよ。

あなたが全部完璧にできて尽くしてあげすぎたら、家政婦さんと一緒じゃない。

「お願い、これやって！」

「やっぱり助かるわ〜」

こういう会話の積み重ねが二人の関係を太くて強固なものにしていくのよ。相手への感謝の気持ちを伝える機会を増やす意味もあるから、男性に自信を与えるには最高の手段ね。

これらを自然にできるのが魔性の女

ほら『魔性の女』って呼ばれる女性がいるけど、私の解釈はただの〝モテる女〟じゃなくて、今あげた3つのことが自然にできることを表す言葉だと思うの。こういう男と女の見えない駆け引きをナチュラルにやるもんだから、〝魔性〟の女。

逆に計算高いのは悪女よ（笑）。

だって、何か物を買ってもらうためだったり、結婚するまでだったり、何か〝目的〟があっての行動でしょ。本物の魔性の女は自分では気が付かないもの。知らぬうちに勝手に男性が自分に夢中になっているのよ。いいわね、そんな女性って（笑）。打算なしで素直に生きて男性を夢中にさせるなんて！

「あの人はモテていいな」なんて言うよりも、可愛く男性に頼って幸せを掴んだ方がオトクじゃない。そう思わない？

第24話

人の幸せが許せない女

羨ましい気持ちもわかるけど……

「彼氏ができたの♡」
「彼からプロポーズされたの♡」
「彼が誕生日にプレゼントしてくれたの♡」

このように、あなたの周りの人の幸せな報告を聞くたびにイライラしちゃう人っていない？　自分が幸せじゃないって思っているときって〝何なの！　彼氏ができたなんて〟〝どうせたいした男じゃないはず〟なんて心の中で悪態ついちゃうのよね。

でもね、言わせてもらうけど、そんなあなたって結構ヤバイわよ！

自分が幸せだったり、満たされているときって、人から良い報告を聞いたら、〝おめでとう〟って自然と祝福できるの。

でも、〝えっ、なんであなたの方が私より先に!?（怒）〟という気持ちになっちゃうんだったら、相当問題よ！

自分が満たされていない期間が長すぎて、人の幸せが許せなくなっちゃってるの。

人は満たされていない期間が長引くのは良くないのよ。どんどん気持ちがひねくれていっちゃうから。

もし今の自分に当てはまるところがあるんだったら、今すぐ気持ちを切り替えないと。

心のイガイガは願望の裏返し

人の幸せな報告を聞いたりSNSで見たりして、心がイガイガしたり、怒りの気持ちを感じることってあるじゃない。

それって実は自分の願望だということに気が付いてちょうだい。

・「彼氏ができたの」→私も彼氏が欲しい！
・「プロポーズされたの」→私も結婚したい！

自分が心から望んでいることを、周りの人に先を越された焦りが、怒りになってあなたに知らせてくれているのよ。

ほら、最近SNSで幸せ自慢しちゃう人って多いじゃない。

ああいうのを見てイラッと感じることってない？

例えば、彼とデートでヨットに乗ったよ、とか、新作のブランドバッグ買っちゃった、とか。

そういうのを見て心がザワザワしたことあるでしょ。

それと一緒、本心はすごく羨ましいの。

心のひねくれを治すには、まずは「いいな！」と認めることから始めないと。

そして冷静になって〝私も本心で結婚したいんだな〟〝私も彼とヨットデートがしたい〟って

いう心の願望をちゃんと理解するのよ。

これは自分の心との対話だから、誰に見栄を張る必要もないの。

まずは願望を明確にすることが、実現に近づく一歩なんだから。

大切なのは結果よりもプロセス

いくら幸せそうにしていたって、その人たちが本当に幸せかなんて、わからないものよ。

上辺の結果ばっかり見ていると物事の本質を見逃す羽目になるわよ。「彼氏ができたの〜」なんて涼しい顔で報告している人だって、必死になって土日に婚活パーティーをはしごして、何度もフラれて拝み倒してできた彼氏かもしれないじゃない。

だから、その結果だけを聞いて、自分が劣等感を抱く必要なんてないのよ！

でもね、あなたにも聞きたいのよ。あなたの〝彼氏が欲しい〟気持ちはわかったわ。

じゃあ、あなたは羨ましがったり嫉妬したりするクセに、何か彼氏を手に入れるための努力をしたの？

もしあなたがすごく努力をしていて、それでも彼氏ができないんだったら、

「いいな〜、私も今頑張っているんだけど、どこで彼氏ができたの？」

って自然と言えるの。

そうすると「○○っていう婚活パーティーだよ！」って自分の知らなかった穴場の出会いの場を教えてもらえる可能性だってあるわ。

恋愛に限らず、仕事の成功だって、買い物だって、転職活動だって全部同じ。

結果よりもそのプロセスにヒントがたくさんあるの。

ちゃんと努力している人しかその大切さに気が付けないのよね。

自分よりも幸せな人って、成功のカギを握る人なのよ！

それを〝ムカつく〟なんてイライラしていても、その不満が顔に出て、もっと惨めになるだけよ。

今こそ心の闇から抜け出すチャンス！

あなたが嬉しい報告をしたら、近所のおばさんや親戚のおばさんたちはみんな「おめでとう！」って喜んでくれるでしょ。それが普通の反応なの。

もし、今あなたが他人の幸せを喜べないんだったら、心が貧しくなっているっていうサインよ！

そういう状態は心が闇に片足を突っ込んでる状態だから、そのままだとどっぷりハマるわよ。

心の闇って怖いのよ、一度ハマるとなかなか抜け出せないんだから。

まず〝自分は不幸だ〟っていうマインドから這い出るのよ。

だってそれって、心の容量が「怒り」「不安」「不満」「焦り」でいっぱいで異臭を放っている状態。それをちゃんと理解して、認めて、「私は結婚したいから行動しなくっちゃ」って心を切り替えるの。

これだけでもだいぶ気持ちは前向きよ！

出会いの場に意識的に足を向けたり、周りの男性を見直してみたり。これだけでもあなたの願望に近づくのよ。

とりあえず笑顔で「おめでとう」

自分より先に後輩が結婚しようとも、彼氏ができようとも、まずは人の幸せ報告を聞いたら、笑顔で「おめでとう」って言うのよ。

腹の中がグツグツ煮えたぎっていたとしてもいいの。太ももツネりながらでも笑顔で言うのよ。これができたら、家に帰ってやけ酒しても構わないわ。

でも、その次は、あなたも自分が幸せになる努力をするのよ！

いい？　あなたの周りで幸せが起こるということは、あなたにも幸せが近づいているっていうサイン。それを怒りで見ぬふりするんじゃなくて、〝次は私かも〟って幸せを受け入れる準備をしておきましょうね。

第25話

男を見る目がない女

すぐに体を求めてくる男はアウト！

男性の「下心」と「好意」って似ているから、たまに勘違いしちゃう女性がいるのよね。

でも、この2つには大きな違いがあるの。

それは目的が「あなたの体」か「あなた自身」か。

「好意」からくるモノにはあなたを〝大切にしたい〟という気持ちが含まれているのよ。


本命の女性には軽々しく体を求めてこないわっ。


だから、すぐに体を求めてくる男性は完全に「下心」のみ。

相手の酔った勢いとかノリの良さで、

〝きっと私のこと好きなのね〟

なんて思ってるようじゃいつまでたっても良い恋愛はできないわよ。

よく聞かない？　合コンとかで隣に座った男性がいろいろ質問してくるし、ボディタッチも多いから〝私に好意があるのかも？〟なんて思ったら、実は斜め前の清楚な子が本命だったっていうオチ。

男性って照れ隠しで本命の子よりも、近くの話しやすい女性と親しくしちゃうときがあるのよね。そういうときって落ち込むわよね……その気にさせておいて！　って。

だから、自分の気持ちが大きくなる前に時間をかけてよく観察する必要があるの。

自ら下心のある男性を引き寄せている可能性

・ノリ良く会話できる人
・ボディタッチの多い人
・派手なファッションの人

こういう人は、自分は望んでいなくても下心のある男性を引き寄せてしまう傾向があるの。人って自分の視覚で得た情報を鵜呑みにしてしまうところがあるのよ。だから、見た目や接し方をちょっと変えるだけでも、下心しかない男性が寄ってくるのをだいぶ防げるの。


男性はちゃんと女性を観察して〝下心〟を出したり引っ込めたりしているのよ。

そのポイントって何だと思う?

女性の主体性のなさよ!

会話の中で「別に……」「特にないかな」「どっちでもいい」、こんなことを言っている人は要注意。

下心のある男性って、厳しく断られるのが怖いもの。

だから〝絶対に断らなそう〟な女性にターゲットを絞って下心を発動してくるのよ。

だって主体性のない女性って強くお願いしたら断らなそうじゃない。この子は大丈夫だ、チョロいって男性に思われちゃうのよ。

焦っているから引っかかる

あと、下心のある男性のセンサーに引っかかるのは「焦ってそうな女性」。

早く彼氏が欲しそう、なんだか恋愛に飢えていそう……

こんな雰囲気がつい出ちゃってる女性は気を付けないと痛い目にあうわよ！

傷つきたくないって思うクセに、ガードが甘いんだから。

仲良くなった男性のことをすぐに「運命かも」「付き合えそう」なんて思って、自分の心を全開にしてしまうと、そういう部分を男性ってちゃんと察知しているのよね。

気持ちが焦っている分、いつもなら忘れない男性へのチェック項目なんて一気に吹き飛んじゃうの。

特に年齢を重ねた女性が、焦りから下心だけの男性に飛びつくと心から痛い思いをするのよ。

そんなの見てられないじゃない。

自分が本気になったところで、その男性は自分に目もくれないわ。

既婚者の男性だって、チョロいって思った女性に「独身だ」なんて平気でウソをついて近づいてくることもあるのよ！

もちろん既婚者だから、自分の欲求が満たされたら連絡なんてしてこないわよ。そんなの悲しいじゃない。

だから下心のある男性からは自力で自分を守らないと。

あれ？　と思うなら警戒を

その場の勢いや寂しさで男性に飛びつくから、痛い目にあうワケでしょ。

だったらその逆の『時間をかける』ことをやってみて。

女性の焦りがつい出てしまうのと同じで、下心のある男性だってそのうちボロを出すタイミングが来るのよ。

・なぜかいつもデートは平日
・車がファミリーカー
・待ち合わせ場所は会社の近くを避ける……
　こういうことを見逃しちゃダメよ。


あれ？　と思うなら、警戒心を持って注意深く観察するの。

時間をかけて、ちゃんと会話して、この人なら大丈夫って自分が思えたら初めて心を許すのよ。

なのにはじめから簡単に股を開くなんて、絶対にやめなさい！

男が下心を出せない女性

男性からチョロいって思われる女性がいる反面、

男性が簡単に下心を出せない女性もいるの。

それは『意志のある女』。

軽く誘われたものならピシッと断る、

「次の日が早いんです」「彼氏がいるんです」

という感じで、男性が下心を出す隙すら与えないぐらいキチンと自分の意見がある女性ね。

「下心しかない男性」「誠実な男性」の2タイプしかこの世にいないワケじゃないの。

男性も女性を見て、下心を出したり、誠実になってみたり、態度を変えている場合が多いのよね。

出会った男性の「下心」を引き出すか、「誠意」を引き出すかは、結局はあなた次第っていうことね。

本当は誰であれ、どんな人とも対等に接することができる人が増えてくれたらいいんだけど、結局人間ってとっても弱い生き物なのよ。

せめて人の欲望に呑まれないように、自分の意志をちゃんと持っている女性でありたいわね。

第26話

スマホが手放せない女

恋愛偏差値を下げるスマホ依存

最近、本当に失礼な人が増えたと思わない？

食事中にずっとスマホの画面を見ていたり、会話の途中でもＳＮＳで返信をしていたり……もうマナーもへったくれもないわよね。

緊急の連絡があってどうしても対応しなくっちゃいけない用事があるなら仕方ないわ。

でも、食事中にスマホをいじっている人って、ＬＩＮＥやＳＮＳ、オンラインゲームで誰かとコミュニケーションを取っている場合が多いのよね。

一緒にいる目の前の人よりも、そこにいない人とコミュニケーションを取っているって一体どういうことよっ！

分刻みで忙しく働いているワケでもないのに、そこまでスマホが手放せないはずないじゃない。

それに、最近じゃトイレやお風呂にまでスマホを持ち込む人も増えているんでしょ。

昔、妻に浮気がバレたくない中年男性がお風呂にまでケータイを持っていくっていう話は聞いたことがあるけど、今のスマホ依存はちょっと考えものよ。

スマホの普及で誰とでも気軽にコミュニケーションが取れるようになったのは嬉しいけど、

あまりにもスマホに頼りすぎていると、あなたの恋愛偏差値を下げることになるのよ！

目の前にいる人よりも大切なモノって？

スマホを手放せない人って、何もスマホ自体に依存をしているわけではないのよね。

何が怖いって、みんな気が付いていないみたいだけどスマホが手放せない生活を続けていると、自分でも知らないうちにスマホの向こう側にいる〝人〟に依存しているケースが多いのよ。

スマホって性質上、気軽に他人と繋がれちゃうじゃない。

それってすごく便利だし、嫌なら関係を簡単に切ることもできるし、本当の自分を明かさずにコミュニケーションが取れちゃう。だからリアルな人間関係よりもラクなのよね。

自分が特定されない架空の名前になった途端、急に攻撃的になって、目の前の人には口が裂けても言えないような悪口でも、自由に発言し出す人っているじゃない。

逆に自分が攻撃されたら、速攻で逃げることもできる。これってリアルな人間関係ではありえないでしょう。

ネット上のコミュニケーションのラクさに慣れてしまうと、リアルな対人関係がとっても面倒くさく感じちゃうのよね。

これって本当に怖いことなのよ。

だって彼氏に不満があっても、どうやって口に出して伝えたらいいかわからなくなるのよ。

だからずっとその不満を抱えたままで、彼氏だって何が原因で自分の彼女が不機嫌なのかわからないじゃない。

そういう人って、目の前の人よりも、スマホの向こう側にいる人にコミュニケーションを求めるようになっちゃうのよね。

誰だって独りにはなりたくないけど……

人って元々孤独に弱い生き物なの。

独りで生きていくよりも人と一緒にいる方が幸せを感じるようにできているから、友達を作ったり、彼氏を作ったり、結婚して家族を作ろうとするの。

でも今の人たちの問題って、独りになりたくない気持ちが強すぎること。

〝自分は独りじゃない〟

っていうことを気軽に繋がれるスマホの向こう側にいる人たちを通して確認しないと、安心できなくなっちゃってるのよ！

だからこそ、ちょっとスマホから離れたり、電波が入らない場所にいるだけで不安を感じるの。

本来はその〝独りでいたくない〟という気持ちを、友達とか異性に向けなくっちゃ。だから、

「寂しい」「会いたい」と素直に言える女性からどんどん結婚していくのよ。

現実的な人間関係から逃げていても、いつかは孤独と向き合わなくっちゃいけなくなるの。

それは2年後かもしれないし、50年後の老後かもしれない。

年老いてから孤独と向き合うのって、本当に辛いことなのよ。

だから、今のうちにその状況を何とかしなくっちゃ。

人間関係の基本は一対一

もしちょっとでもスマホ依存に心当たりがある人は、人と接する機会を増やしてみて。

顔を見ながら会話をする時間を大切にして欲しいの。

人の目を見て話すって、恋愛でもビジネスの交渉でもすごく重要視されているでしょ。

そこの部分をスマホで省略しちゃうと、観察力や洞察力がどんどん鈍ってくるの。

そうなってからじゃ取り返しがつかないのよ。


ほら、よくウソをつくと鼻が広がる人とか、瞬きが多くなる人っているじゃない。

そうしたちょっとした異変にも気が付くことができるのは、いつもその人と接しているからなの。

どんなに涼しい顔をしていても、親しい人の変化には敏感でいなくっちゃ、結婚してから旦那が浮気をしても気付けないわよっ。

親子でもＬＩＮＥだけでやり取りをしていたら、今日学校で何があったかの会話でどんな顔をしているのかなんてわからないじゃない。

もし話しながら一瞬でも顔が曇ったら、何かがあったというサインよね。

いじめや悩み事も自分で話すきっかけがないから、そういう場合は親が気付いてあげないと。

大事なことを見逃さないようにするためにも、一対一のコミュニケーションは絶対に必要なの。

対人だからわかる本当の気持ち

最近は恥ずかしいからって好きな人に告白したり、別れるのもＬＩＮＥで完結している人も多いみたいだけど、それってどこまでが本心なのかを少しは疑って欲しいの。

だって、本当は悲しくても、楽しいスタンプを送ることなんて簡単にできるでしょ。

でも、相手が目の前にいたら、悲しいのに楽しげに笑うなんて絶対にできないでしょう。

人の本当の気持ちって、自分の目で確かめて感じるしかないんじゃない？

スマホにハマっているうちに、人間としての大切なコミュニケーション能力が低下しているなんて最悪じゃない。

便利さも大切だけど、時代の進化にあなたの大切なものが置いてけぼりにされないようにしなくっちゃね。

第27話

二兎を追う女

二人の男を天秤にかける女

婚活にいそしむ女性にたまに見られるのが、二人の男性を天秤にかけてどちらがいいか吟味するために二股をかけている人。

人って本当に欲の塊なのよね。

少しでも自分にとって有利な人と結婚したいっていう気持ちがそうさせるのよね。

ルックス、収入、優しさ、家柄、資産、親兄弟……多角的にじっくり比べてから最終的に一人に絞るっていう計画だと思うけど、それが成功する人って実はとっても少ないことを知っているかしら？

だいたいは計画の途中でフラれるのよ。

なぜだと思う？

人って使えるエネルギーの量が決まっているの。

それを二人の男性に分割して使っているとしたら、一人の男性にかけている熱量はあなたが本来持っているエネルギーの二分の一。

すなわち、半額のパフォーマンスしかできていないからあなたの魅力の半分しか相手には伝わっていないのよ。

それじゃあ〝いい女〟って思われなくても仕方ないわよね。

それにあなたも二人の男性と同時進行していると、

「この人がダメでも他がいる」

「そんなに頑張らなくても……」

なんて、いまいち本気になれないのよ。

あのことわざの本当の意味は戒め

「二兎を追う者は一兎をも得ず」

ということわざは、欲を出して二つのことを同時にやろうとすると、結局はどちらも失敗する
という意味よね。

だからこそ、今は一つのことに集中しなさいっていうことなのよ。

それなのに二人の男性を追いかけるなんて！

ウサギだって二兎同時に摑まえられないのに、
まして人間の男性を同時に摑まえるなんて至難の業。

中途半端な気持ちやエネルギー量じゃ無理なのよ。

だいたい〝どちらも手に入れられる〟っていう考えが甘いのよね。

超難関大学を目指して受験勉強をしているのに、同時にオリンピックも目指している人がいるとするじゃない。

どんなに努力をしても、受験勉強をしているときは、競技の練習はできないし、その逆もしかり。

その結果、オリンピックの選考には落選、受験は不合格なんてことになったらどちらの目標も叶えられないわよね。

どちらか一つに絞っていたら手に入れられる可能性だって上がったはずよ。

結局、欲張ったせいで、自分の目標をなにも達成できない状態になるのよ。

仕事と家庭の両立だって難しい

最近は女性も社会進出が活発だから、専業主婦をしている人の方が少ないんじゃないかしら？

でも「仕事」と「家庭」の両立って本当に大変なのよね。

どちらか一つだって大変なのに、まして両方をパーフェクトにこなそうとすると、無理がたたってくるじゃない。

仕事から帰ってきて急いで夕ご飯を作っているのに、旦那さんに「まだご飯できてないの？」なんて言われたらカチンとくるじゃない？

それにちょっとでも子供が部屋を散らかしているだけでもイライラ。

やっぱり二つの大きなことを同時に進行していると、心の余裕がなくなっちゃうのよね。

旦那さんだって同じよ。

今はやりの「イクメン」を目指して、仕事で疲れているのに子供の学校行事には積極的に参加。

休日も家族サービスで休めぬまま。

そうやってみんな誰かの期待に応えるべく、二つのことを同時に頑張っているのよね。

一人でやれることには限りがある

でもよく考えて欲しいの。
家庭のことだけをやっていても大変なの。
男性も経済的に家庭を支えるだけでも充分頑張っているわ。
それに加え＋αのことまで頑張ろうとするから、疲れて心の余裕がなくなるのよ。
一人でできることには限りがあるもの。
両方を完璧にこなせる人もなかにはいるし、それは不可能ではないけど、
自分の人生の大きな目標を達成させたいなら、
無理せずどちらか一つを摑まえるというやり方でいいのよ！
みんないろんなものを手に入れたいし、やりたいこともたくさん。
特に女性は育児や家事だけをやっていた時代と違って、外で仕事までしているのよ。

そりゃあ、疲れるわよ。

叶えたい理想や周りの期待に応えたい気持ちもわかるけど、あなたが無理して壊れちゃったら、それこそ一つも得られないじゃない。

今の時代みんな自分にプレッシャーをかけまくって、自分の実力以上に頑張っちゃうのよね。

そんなことしなくてもいいのよ！


できないことは素直に「できない」と言っていい！


あなたが「無理」「できない」と言ったからって、誰も責めないし、夢だって逃げないわよ。

まれに同時にいろんなものを手に入れている人がいるけど、人と自分を比べなくてもいいのよ。


たいていの人は、一度に摑まえられるウサギは一匹だけ。

確実に一兎を摑まえてから、もう一兎を摑まえても遅くないのよ。


使命感や責任感に駆られて必死にあれもこれも頑張っている人がいたら、まずは〝自分の大切なもの〟一つに絞ってみることが大事かもね。

今の時代を賢く生きていくとしたら、このぐらい力を抜いてみてもいいんじゃない？

第28話

トイレ掃除をしない女

トイレ掃除をすると美人になる？

「トイレ掃除をすると美人になる」

という言葉、一度は聞いたことあるでしょ。

私も子供の頃に〝ばあば〟に言われて、子供ながらに美人になりたくて率先してやっていたわ。

私の子供にも、まずトイレ掃除の大切さから教えています。

なんでトイレを掃除すると美人になるんだろう？

疑問に思って〝ばあば〟に聞いてみました。すると、

「八百万の神といって、パワースポットや神社に行かなくても神様はトイレをはじめいろんなところにいる。だから、人が嫌がることを進んでやることを〝陰徳〟と言い、神様はちゃんと見ている」

と教えてくれたの。

〝人が嫌がること＝トイレ掃除〟。人が嫌がることも、率先してできる人になりなさいという考えから、「トイレ掃除をすると美人になる」と言われているそう。

「なんだ、昔ながらの根拠のない迷信かっ」なんて思った人はいない？

確かにトイレ掃除をしたからといって、翌日起きたら整形級に美人になっているなんて、それこそリアルな話だったら大変よ（笑）。でも、そういう言い伝えをバカにする人もいるけど、トイレの話って案外、開運の核心をついているのよね。

どんな人にも○○するのが開運のカギ

トイレの話をもう少し広げてみると、感謝の気持ちも『徳を積む』ことになるのよ！

『徳を積む』ということの本当の意味を知っているかしら？

「徳＝良いことをする」ってポジティブなエネルギーなの。

そのポジティブなエネルギーって、自分の中のネガティブなエネルギーを消し去ってくれる役割があるの。

だからといって「トイレ掃除をしたら良いことがあるから」っていうイヤらしい気持ちじゃ、効果も半減しちゃうわ。


例えば、ゴミを収集してくれる業者、駅のトイレを掃除してくれている人を見るたびに、〝この人たちがいてくれるおかげでキレイに生活できている〟と感謝したり、宅配便の人が来たら「ありがとうございます」と言ってごらんなさい。

初めは慣れなくても、習慣にすれば身につくわ。

そうするといろんなところから〝良い気〟が舞い降りてくるようになるの。

ウソだと思うなら、せめて2週間だけでも続けてみて。

信じられないかもしれないけど、気分も良くなり、本当に良い運気が回り始めるから。

徳を積めない男の要注意な態度！

『徳を積む』行為の逆で、たまにレストランでウエイターに、

「俺は客だ！」

なんて横柄な態度を取る人がいるでしょ。

私、そういう人って本当に嫌い！　もしあなたの周りにそういう人がいたら要注意よ。


あなたが今一緒にいる男性は、店員さんにそんな態度を取ってないかしら？

もしそんな男性と付き合っているなら今すぐ別れなさい！

今はあなたに優しくしてくれるかもしれないけど、彼のその態度は、あなたへの10年後の態度そのものなんだから！


自分が弱い場合はヘラヘラしているくせに、自分の立場が上だと思ったら強く出る。

人によって態度をコロコロ変える人ほど信頼しちゃダメよ。

あなたもそんなことをしていたら、『徳を積む』どころか、積んだ『徳』が一気に全部没収されるわよ！

やったことは利子を付けて返ってくる

「やったことは自分に返ってくる」っていう言葉も聞いたことあるでしょ。

これも昔から伝わるものだけど、本当に自分のやったことって、忘れた頃に利子を付けて返ってくるのよね。

良いことをしたら、ちょっと増えて返ってくるし、悪いことをしても、ちょっと増えて返ってくる。

周りに対して悪いことばっかりしていたら、年を取ったとき、やったことの何倍にもなって返ってくるのよ。

そう考えたらとっても恐ろしいことじゃない？

どんなにお金や地位があっても、横柄だったら誰も寄り付かなくなるわ。

ほら、それに金の切れ目が縁の切れ目って言うじゃない。

今まで傲慢だった人がお金が無くなったら、本当に誰も寄ってこなくなるのよ。

でも昔助けてくれた人のことは、その人が困っていたらどんなことをしてでも助けるものじゃない？　それこそ、以前の善い行いが利子を付けて返ってきている証よね。

将来の利子目的で善い行いをするのはイヤらしさが出ちゃうけど、人に対してはせめて、感謝と謙虚な気持ちを持っていたいわよね。

本物の女になりなさい

意外と気が付かないうちに『徳』を逃していることって多いのよ。

人の悪口に同調したり、匿名で嫌な書き込みをするなんて絶対ダメよ。

見た目をどんなにキレイにしていたって、女性は心がキレイでないと幸せになれないのよ。


イライラしていたり、いつも不満を抱えている人って、なんとなくネガティブな雰囲気が出ているでしょう。

あれって〝心〟の状態が透けて見えちゃってるのよ。

よく〝ばあば〟が「本物の女になりなさい」って言っていたけど、本物の女って人の立場に立って考えることができる人だと思うの。

小さいことでも感謝できたり、人を大切にすることって、自分の心に栄養を与えているのと同じこと。

心に栄養が行き届いている人って、外見やスタイルに関係なくとっても素敵に見えるのよ。

心の中は、全部あなたの表面に出るもの。

どんなときも人にポジティブなエネルギーを与えられる女性でありたいわね。

じゃあ、私は今からトイレ掃除でもしてくるわね〜。

おわりに

この本ではみなさんに幸せを摑んでもらうために、いろんな女性をサンプルにメッタ斬りをしてきました。

女性が幸せを摑むためにすることって、難しいと思った方はいませんか？

実はその反対で、誰でも簡単にできることばかりなの。

その中でも一番大きなことは、女性は男性に頼って生きていってもいいということ。

こういうことを言うと、男性に媚を売って……なんて思われそうだけど、できないことは、「できないからお願い」「これやってもらえる？」って素直に甘えていいのよ！


今は女性も強くなってきているから、ついつい男性と張り合ったり、打ち負かしたりしがちだけど、そこはせっかく女性に生まれてきているんだから頼っていいの。

男女って平等で同権だけど、永遠に違うものはその性質。

体のつくりから、脳、思考までも違うんだから、そこを混同しちゃうと絶対に幸せにはなれないのよ。

違いをちゃんと認めてはじめて、敬意を持てたり尊重できたりして、お互いの存在意義が生まれるのよ。

性質が違うんだから、お互いにできない部分を埋め合い、頼り合っていけば、自然と幸せが生まれることは太古の時代から変わらないこと。

人生において最大の不幸は、孤独。

若いうちは気が付かないかもしれないけど、年を取ってお金や地位があっても、やっぱり人って孤独に耐えられないのよ。

〝ばあば〟はたくさんのお金を得ることに成功したけど、年を取ってやっぱり寂しいって言っているわ。

人間って一人では生きていけないっていうことよね。


常に周りの人に感謝をして、自分を顧みる。

人のせいにする前に、変わってもらいたいなら自分が変わる。

たったこれだけでも、自分の人生でたくさんの幸せを掴むことができるわね。

幸せはいつもあなたの近くにあるの。

だからあなたさえ掴もうと思えば、簡単に手に入れることができるのです。

せっかく女性として生まれてきたのですから、美意識高く、笑顔を忘れず、謙虚な心を持つことを忘れないでください。

私はいつもみなさんの幸せを祈っています。

2019年11月22日　細木かおり

あなたが幸《しあわ》せに
なれない理《り》由《ゆう》
母《はは》・細《ほそ》木《き》数《かず》子《こ》から受《う》け継《つ》いだ幸《こう》福《ふく》論《ろん》

2019年11月22日　第1刷発行

著者　細《ほそ》木《き》かおり

発行者　渡瀬昌彦
発行所　株式会社　講談社
〒112-8001
東京都文京区音羽2-12-21
編集 ☎03-5395-3408
販売 ☎03-5395-3606
業務 ☎03-5395-3615

印刷所　大日本印刷株式会社
製本所　大日本印刷株式会社

構成・文　西村真紀
ブックデザイン　田中久子（表紙）
橘田浩志 [attik]（本文）

写真　細木数子事務所
カバー撮影／富田眞光

ISBN 978-4-06-517942-0

※本書はwith onlineで連載していた「あなたが結婚できない理由！」をもとに再構成・編集したものです。